손이 말하다

손이 말하다

초판 1쇄 발행 2024년 11월 10일

지은이 염귀순
펴낸이 장길수
펴낸곳 지식과감성#
출판등록 제2012-000081호

교정 김지원
디자인 서혜인
편집 서혜인
검수 한장희, 윤혜성
마케팅 김윤길, 정은혜

주소 서울시 금천구 벚꽃로298 대륭포스트타워6차 1212호
전화 070-4651-3730~4
팩스 070-4325-7006
이메일 ksbookup@naver.com
홈페이지 www.knsbookup.com

ISBN 979-11-392-2176-3(03810)
값 15,000원

• 이 책의 판권은 지은이에게 있습니다.
• 이 책 내용의 전부 또는 일부를 재사용하려면 반드시 지은이의 서면 동의를 받아야 합니다.
• 잘못된 책은 구입하신 곳에서 바꾸어 드립니다.

본 사업은 2024년 부산광역시, 부산문화재단 〈부산문화예술지원사업〉으로 지원을 받았습니다.

손이 말하다

염귀순 지음

손은 그 사람의 의중을 담고 있다.

숨길 수 없는 온도로 타자와 교감하고 세상과 교류한다.

🍁 책머리에

쓴다.
쓰면서 외톨이가 되고
쓰면서 세상과 가까워지고
쓰면서 내 영혼을 탐색한다.

쓰면서 삶의 무게와 슬픔과 아픔과 누추함이 발효되었고
몸과 마음이 순응하고 춤을 췄다.
쓰면서 자주 막막하고 긴장하고 무너지고 일어섰다.

글을 쓰는 일이 고통이라면 오직 자신의 몫이고
기쁨이라면 절반은 결핍과 부재의 몫이라는 말에 공감하며
서두르지 않고 쓴다.

하지만 결코 다 말하지 못하는
아직도 채 삭지 못한 것들은 행간에 묻는다.
언젠가 나의 이야기가 '우리의 이야기'로 전환되어
글 꽃으로 피어나기를 바라며.

창 안에 비쳐 든 가을 한낮 햇빛이 쨍하다.

2024년 가을
염귀순

목차

제1부

낱말을 품고

안개비, 바깥세상을 지우다 _14

발칙한 개화 _19

낱말을 품고 _24

그곳, 그 자리(1) _29

그곳, 그 자리(2) _33

말을 읽다 _36

철없는 옷 _39

컷, 낭만 도시 _43

제2부

바람이 세 든 집

모자가 사는 법 _48

느린 독서 _52

바람이 세 든 집 _55

가슴 구멍을 아세요? _60

이 나이는 처음 살아 봐 _64

그럼에도 고go고go _67

봄, 신작 쓰기 _71

어느 겨울과 봄 사이 _75

제3부

손이 말하다

제맛 _82

손이 말하다 _86

컷, 시월 _91

그럴듯하다 _95

인간 세트 _99

약속 _103

사람 풍경 _108

벚꽃, 그리고 전쟁과 평화 _113

제4부

노을빛 그녀

페트 물 _118

노을빛 그녀 _122

선들에 대한 의문 _127

나, 신발 _131

어떤 기억 _135

이름, 꽃으로 피고 지다 _140

'쓸쓸'과 '간절' 사이 _144

봄 사람 _148

제5부

어떤 사람이세요?

그녀와 치마 _154

오후의 독서 _159

바람손님 _163

어떤 사람이세요? _167

종지기 _171

아버지는 무엇으로 사는가 _175

서책書冊 _179

서평 _187

제1부

낱말을 품고

안개비, 바깥세상을 지우다

숨소리도 없이 내렸어. 자욱하게 깔리니 사방 천지가 비몽사몽간인 양 뿌옇지. 한 치 앞의 길도, 나무도, 사람까지도 가물거리는걸. 세상에 보이는 것들은 한시성에 불과하다고 깨달아지는 순간이야. 청정한 고산지대 참꽃 군락지를 보겠다며 먼 길 마다하지 않고 달려온 객들 사이에서 "아!" 탄성의 음절이 새어 나오네. 시끄럽고 경솔한 입말을 삼가고 있어.

한 발짝씩 내딛는 걸음걸음마저 숨죽인 지금 여기는 해발 천 미터, 비슬琵瑟 산등성이군. 구름을 싸고 다니는 나는 수직으로 내리꽂히거나 드세진 않아. 가늘고 부드럽고 얌전히 내리는 편이지. 그렇다고 맹숭맹숭 밋밋한 건 아니야. 세상이라는 아수라장과 삶에 지친 사람들의 메마른 오감에도 촉촉한 호의를 베풀어 주니까. 만약 나를 무작정 좋아하는 센티멘털리스트가 요즘도 있다면 그런 연유이지 싶어. 아무런 감동도 없이 지속되는 일상에서 비켜나 오래전 순수 물 알갱이였던 기억을 찾아가는 것. 순순한 가슴으로 되돌아가 보는 것. 그건 바로 내가 나에게 길을 묻는 것.

참꽃 군락지로 유명세를 탄다는 비슬산(대구시 달성군)이지만 오늘은 때를 놓쳤나 봐. 철 이른 기후 탓에 일찍 피고 져 버려 꽃술만 남은 참꽃을 대신한 기암괴석이 아쉬움을 달래 주는군. 그리고 보니 13개의 바위들이 문화재로 지정되었을 만큼 신기한 형상의 바위들이 많아. 부처 바위, 소원 바위, 기氣 바위, 참선 바위, 부부 바위, 형제 바위…. 저마다 이름에 걸맞은 모양새로 생각에 잠겨 있어. 안개 같은 행로를 헤쳐 가는 세상 사람들이 그 앞에 멈추어 무얼 간구하는지. 손안에 움켜쥐었던 욕심을 풀어놓고 무엇을 또 희구하는지.

청록파 시인 조지훈은 "돌에게도 피가 돈다." 했지. "돌은 무정물이면서 유정하다."라던 이성희 시인의 말도 공감하고 싶어. 기껏 백 년을 살다 가는 인간의 생애를 무색하게 할 장구한 이야기를 품고 있으니 말이야. 거친 비바람과 세월의 풍화와 역사의 격랑을 겪으며 속절없이 깎이고 닳는다 한들, 예부터 돌은 항존恒存성·구원久遠성·부동不動성의 표상으로 인식되어 왔잖은가. 수백 년 세월을 버티고 버텨 내면서도 저토록 묵묵할 뿐인 돌의 깊숙한 곳엔 어떤 방이 있을까.

저만치서 기氣 바위를 끌어안고 있는 사람들이 보여. 글 쓰는 모임에서 온 수필가 몇몇이 양팔을 벌리고 커다란 바위에 한동안 딱 붙어 있어. 아마도 부족한 필력을 받으려 안간힘을 다하고 있는 중인가 봐. 글쓰기는, 독자의 가슴으로 들어가 그의 세계에 미세한 흔들림을 줄 때 문학성을 획득한다고 하지 않는가. 막막하고 서늘한 백지 위에 심신을 끓인 글 한 상을 차려 내는 일이 어찌 만만할 수 있겠냐고. 그렇게 데워지고 익혀지고 뜸 들여져, 뜨끈한 응원 한 잔이 간절한 누군가에게 그 나름의 쓸모를 다해 주길 염원하고 있으려나.

  가뭄에도 마르지 않는 샘을 정상에 이고 있는 바위는 때로 신묘한 힘을 가진 존재로 여겨져. 그래서인지 돌은 생명의 탄생, 풍요와 수호 등등의 신비로운 권능을 가진 대상으로서 한 속신 체계를 이루어 왔지. 부여 금와왕의 탄생 설화에 나오는 '大石', 처용의 출현과 관계된 '처용암', 애기 장수가 태어났다는 공주시 '장군바위'의 전설이 그래. 학자나 예술인들은 그런 바위의 속성을 흠모해 돌 '石' 또는 바위 '巖'을 뜻하는 글자로 호를 짓기도 하였어. 잠깐, 귀 기울여 봐. 둥글넓적하게 생긴 참선 바위에 내렸더니 두런두런, 돌의 언어가 들려오네. 숱한 풍림에 승화되어 무색무취하며 웅숭깊은 언어들은 미감을 초월하지. 간결해지는 걸까, 차츰 마음이 편안해져.

  비슬산을 내려온 사람들이 벽화마을인 마비정으로 들어섰어. 마을 담장엔 옛 시골 풍경을 그려 놓은 벽화들이 사람의 눈길 발길을 잡고 있군. 실감 나는 고무줄뛰기, 말뚝박기 놀이는 아득한 시간을 붙잡아 일으키려고 해. 자연 속에서 자연스레 뛰놀던 시절이었지. 들로 산으로 온 동네로 맘껏 뜀박질하고 해맑게 웃고 싸우면서도 내일을 꿈꾸었잖아. 순진무구한 세월을 기억해 두어야 할걸. 얻는 게 있다면 필시 잃는 것도 있는 법, 문명의 발달은 인간에게 엄청난 편리를 제공하는 한편 진정 소중한 걸 시나브로 앗아 갈 수 있다는 사실도 말이야.

어, 저기는 운치 있게 황토방으로 된 주막이군. 하룻길 객으로 나섰던 문인들이 피로를 해소할 겸 우리네 전통주로 판을 벌였어. 이런저런 세상의 배역들을 벗어 두고 막걸리 주전자를 기울이는 품새가 신선놀음인 양 유유해 보여. 날이면 정색을 하고 맹숭맹숭한 정신으로 삶과 대적한다는 건 얼마나 고달픈 일이던가. 그러기에 "술은 지금까지 인간이 만들어 낸 것들 중 가장 큰 행복을 만들어 낸다."라고 말한 영국의 시인이요, 수필가이며 평론가였던 새뮤얼 존슨도 있었어. 아마 모순되고 갈등하고 사랑하고 아파하는 인간사史가 계속되는 한 술은 사라지지 않을 거야.

글맛은 물론 술맛 또한 재료의 비율과 발효 기간에다 온습도 등의 조건에 따라 음료수처럼 달달한 입문자용도 되고, 산미가 강하고 깊은 술이 된다고도 하지. 이런 술맛에 빠져 두주불사斗酒不辭(말술도 사양하지 않다)하는 술꾼이나, 글맛에 심취해 수생수사隨生隨死(수필에 살고 수필에 죽다)를 외치는 글꾼들을 보면, 자칭 만물의 영장도 주酒님이나 문文님 앞에선 한없이 작아지는가 싶어. 모처럼 불콰해진 길인데 오늘만은 기꺼이 취하시길.

인생은 안개 낀 항로를 헤쳐 가는 것. 경험해야만 깨달을 수 있는 것들이 있지. 한데 잔을 높이 드는 저 문인들 좀 보시라. 겁도 없이 "주력酒力이 필력筆力!"이라느니 "필력筆力이 주력酒力!"이라며 읊어 대는 건 주酒님을 영접한 호기 때문인가. 종일 세상을 뿌옇게 지워 놓은 내 부단한 노력과 거룩한 주酒의 은총 덕분인지도 모르겠군. 아무튼 세상은 지금 온통 안개 속이다 이 말씀.

눈치챘겠지만 나는 소리도 없이 내리는 안개비야. 조용하면서 부슬부슬 몽환적인 분위기를 연출하지. 어때, 안개 낀 생을 응시하며 온몸으로 마시는 안개주酒, 고단함이 또 다른 고단함을 추스르는 응원 한 잔 드실래요?

발칙한 개화

사람이 지닌 가장 패셔너블한 것 중 하나가 머리카락 아닐까. 머리 모양과 색깔에 따라 이미지가 달라진다. 각양으로 표출된 헤어스타일을 봤으리라. 어깨 뒤로 찰랑거리는 긴 생머리, 풍성한 웨이브의 파마머리, 우아한 올림머리, 싹둑 친 커트머리 등. 미적 감각을 타고난 여성들에게 머리카락은 자유자재한 변신의 아이콘이다. 때론 무심코 풀어헤친 산발조차 관능미를 뿜는 머리카락은 자타의 마음 자락을 '밀당'하며 이미지 메이커를 자처한다.

이미지는 은근한 경쟁력의 보검이다. 생긴 대로 사는 게 아니라 사는 대로 생겨진다는 요즈음, 머리카락이야말로 패션의 시작이면서 완성이라 할 만하다. 따져 보아도 헤어스타일을 제쳐 놓고는 눈부신 의상인들 패션으로서의 제 역할을 다할 수 없다. 그러기에 여자들은 머리단장에 시간과 돈을 과감히 투자한다. 자존심의 최후 보루인 듯 고아하고 샤프하고 이지적이게, 또는 에로틱하게.

"컬이 탄력 있게 나오도록 해 주세요. 전번보다 좀 더 가는 로드 rod로요."

깔끔한 간판 아래 환한 실내가 들여다보이는 ○○ 헤어 갤러리. 한 명뿐인 헤어 디자이너이자 주인인 여자에게 파마를 부탁한다. 아파트 바로 앞인데도 어쩌다 반짝 눈에 띄어 들렀었다. 깔끔하고 아늑한 분위기에 끌리고 세련된 중년 아티스트가 축적했을 노하우에 대한 신뢰감에 넙죽 머리를 맡겼었다. 수년째 단골이다.

"머리 길이를 약간만 정리하겠습니다."

날렵한 빗질과 가위질로 머리끝을 잘라 낸 다음 스프레이로 영양제를 뿌린다. 주인은 몇 달 만에 한 번씩 파마하러 오는 그녀가 평소 모자를 쓰고 다닌다는 걸 알고 있다. 머리 길이가 목덜미를 살짝 덮는 '세미 롱' 스타일을 선호한다는 것쯤은 숍에 처음 들어선 순간 간파했던 터다.

아름다워지고 싶다는 여자의 열망은 시대를 관통한다. 나이도 초월한다. 옛날 곤궁한 시절에도 어머니들은 동네 미장원에서 명절치레 '불파마'를 했다. 그때 엄마를 따라간 꼬마는 쇠 집게의 후끈대는 열기를 기어이 견뎌 내었다. 7살, 그녀의 헤어 패션 시작이었다. 초등학교에 들어가기도 전의 조그만 계집아이가 얌전히 묶어 준 엄마표 머리에 자주 까탈을 부릴 만큼 머리 모양에 집착을 보였다. 미美에 대한 애착은 당초 여자의 본성이며 자기표현임을 본능적으로 알았던 게다.

"로드 감을게요."

바야흐로 헤어 아티스트의 신들린 손놀림이 춤을 추는 시간. 파마 약을 바른 뒤 플라스틱 로드로 머리카락을 돌돌 말아 간다. 머리 밑이 약간 따끔거리는 정도야 눈감고 조용히 누려 볼 만하다. 만약 우리의 평생 수업인 인생살이도 이처럼 프로페셔널한 지휘자가 있다면 한 편의 예술이 될까.

 삶이 암만해도 블랙홀 같은 날, 여자들은 외모적 변신을 시도해 본다. 알싸한 세월의 모퉁이를 박차고 나가 무한 창공을 날아 볼 수도, 물처럼 흐를 수도 없는 처지. 머리카락을 부추겨서라도 무기력한 삶을 추슬러 보는 거다. 후줄근한 기분을 싹둑싹둑 커트해 버리거나 눅진하고 갑갑한 마음 바닥을 파마로 불 지른다. 한층 로맨틱한 '볼륨 파마'로 자신을 위무하는 깜짝 변신을 완完한다.

 하지만 삶이 그리 고분고분 따라 주던가. 풍경소리도 외로운 산사에서 가끔 마주치는 여승의 머리에선 소슬한 바람 냄새가 났다. 세속의 색깔들을 삭제한 무채색 승복보다 파르라니 벌채한 맨머리가 속을 파고드는 까닭은, 한 여승으로서의 삭발이 '머리를 깎는다'는 의미만이 아니기 때문이다. 숱한 사연을 무연無緣으로 만드는 것. 타고난 여자의 본성과 애욕마저 자른다는 각인이다. 참고 금하고 삭히며 닦아 갈 수행의 길이 순탄하다면야···.

 "중화제 바릅니다."

 머리를 말아 놓은 지 한 시간 경과. 목에 받침대를 두르고 액체 중화제를 바른다. 곡절 허다한 인생 여정과는 달리, 헤어 아티스트가 지휘하는 순항의 시간이 착착 진행된다. 완성작을 상상하는 기다림은 기분 좋은 설렘을 동반하니 이 또한 즐겨 본다.

머리카락엔 힘의 생멸이라는 상징적 의미도 들어 있다. 몸의 부호들이 품었던 난연하고 빛나던 계절을 떠올려 보라. 열렬히 피어오르던 봄날도 머리카락 새로 빠져나가고 말았다. 게다가 알 수 없는 내일을 내포한 머리카락이 푸석푸석 색깔조차 날려 버릴 땐 어떤가. 몸의 칠십 퍼센트가 물인 몸의 부호들이 아직도 물관을 타고 감성에 젖어 들어 출렁이건만, 감상에 빠져 일을 그르치기도 하는 여자이건만, 거침없는 시간에 편승한 생이 애잔해진다.

"로드 풀고 샴푸할게요."

마침내 파마 종결 단계. 머리를 감겨 주는 손길이 아릿한 삶을 나긋나긋 위로해 준다. 머리를 통째 내맡긴 그녀는 편안한 안도감 위에 두근대는 기대감이 차오른다. 마음은 이미 벽면 거울 쪽을 넘보고 있다.

정체 불명한 흐름에 휑하니 빠져나간 것들이 서럽다고? 부려 놓은 자국이 아리다고? 그렇더라도 마냥 주저앉기엔 세상은 너무나 눈부시다. 무색무취하고 무미한 문장은 삶의 기호가 아닐지니, 제 빛을 잃은 자리를 애틋하게 메우고픈 음모를 꾀하지 않는다면 여자이겠는가. 지지고 볶고 한 꼭지의 컬을 넣어서라도 발끈한 개화를 꿈꾼다.

한데 이 무슨 일일까. 파마 로드를 풀고 샴푸를 하고 머리 손질이 끝난 거울 속 그녀가 눈이 휘둥그레진다. 표정이 굳어 버린다. 아뿔

싸. 야심 찬 걸작, 의미심장한 회심작은 어딜 가고 뜻밖의 치명적인 저 개화! 사정없이 뽀글뽀글한 뽀글이 파마가, 자신만의 색깔도 엉켜 버린 채 그녀의 마음을 절여 놓는다. 어설픈 오기로 뻣뻣해지지 않게, 섣불리 부풀어 낭패당하지 않게, 괜한 허세로 망가지지 않게…. 어머머 세상에나, 무슨 죄를 지었다고…. 멋이란 파격적이면서도 정서적이고 여운이 있어야 하거늘.

저 머리 어찌 좀 해 주세요. 그녀가 퍼질러 앉아 울어 버리기 전에, 이게 내 자화상이냐고 속을 다 쏟아 내기 전에, 한껏 비틀고 꼬아만 놓으면 예술이 되냐고 악쓰기 전에, 우아한 웨이브가 물결치는 패셔너블한 머리로 어서 빨리 제발요.

세상은 날마다 새로운 무대다.

낱말을 품고

한참을 고요하다. 하루는 막막하고 또 하루는 그럭저럭 지나가고 시간에 쫓기지도 않으면서 글조차 써지지 않는다. 얼굴만 벌겋게 달아오른다. 지나치게 끓어 넘치는 태양의 열기로 지상이 후끈거리자 피부가 열꽃을 피웠다. 알레르기다.

내게 절대 반갑지 않은 손님, '알레르기는 보통 사람과 다르게 나타나는 몸의 반응'이라는 게 사전적 설명이다. 병원체가 아닌 물질이 체내에 들어왔을 때 이를 병원체로 인식하여 면역 반응을 일으키는 일종의 과민증이라는데, 실상은 그리 단순하지 않다. 내 얼굴 피부는 미세한 환경 변화에도 쓸데없이 너무 민감하게 반응한다. 가렵고 따갑고 홍조 일색으로 변하기 일쑤며 눈 쌍꺼풀 부위는 아예 통통 부어 따끔거린다. 무덥거나 찬 기류, 스트레스에 의해서도 피부 장벽은 여지없이 무너져 외출이 곤란할 지경에 이른다. 어느 날 갑자기 주어진 난제로, 일상생활에 이만한 불청객도 드물지 싶다.

내 몸의 무엇이 남다른 반응을 일으키는 걸까. 피부과 몇 군데와 한의원을 거치며 단골 병원이 정해졌다. 사용하던 기초화장품은 모두 생략되고, 피부과에서 추천하는 미용 크림만 발라야 한다. 약을 먹고 바르고 치료를 받고서야 증세가 겨우 호전되었다. 하지만 알레르기는 환경적 여건만 성립되면 언제 어디서나 불쑥 나타나 어쩔 건데? 하며 히든 미션hidden-misson을 안긴다. 기생하는 주제에 납작 엎드려나 있을 것이지 함부로 내 삶을 시험하고 점검하려 드는 오지랖이라니.

'집콕'을 하면서 손 피부도 탈이 나고 말았다. 부엌일로 물과 자주 접촉하다 보니 손가락 사이며 손등 피부 역시 벌겋게 붓고 가렵고 짓무른다. 제 잘난 척 오지게 하던 인간의 몸뚱이가 미스터리인 알레르기의 느닷없는 횡포에 나약함을 들키고 만다. 치료 약이 있는 피부 알레르기든, 약도 없는 우리 사회의 알레르기든, 경로도 애매한 지구촌 바이러스든 불안정하고 불편하고 불쾌하다. 집안에 붙박여 지내다 입맛마저 달아났다. 급기야 우울이 끈끈하게 엉겨 붙는다.

시조를 쓰는 선배는
"요즘처럼 내가 문인文人이어서 다행인 적은 없었다."라며 작품집 준비를 한다.

지리산 시인 박남준은
"기쁘고 행복한데 어느 놈이 시를 쓰겠냐."라고 일갈한 적이 있다.

문학은, 철학은, 종교는 스스로의 심약함을 깨닫는 데서 시작된 것이라 해도 별반 토를 달진 못하리라. 그렇다면 어설픈 작가인 나도 지금 연필심을 다듬고 필력을 모아 한껏 글 춤을 추어 볼 시점인지도 모르는 일. 한데 어쩌랴. 척박한 내 글밭 또한 근원 불명의 바이러스에 침범당한 듯하다. 이십 년 넘게 낱말을 품고 살아온 이력이 무색하게도 글줄이 쉽사리 뻗어 나가지 못한다. 잡초가 무성한 바닥에서 턱없이 웃자란 잡목들 사이를 전전긍긍하다 의욕이 곤두박질치거나 블랙홀로 빠져들곤 한다. 간신히 낱말의 한쪽 끝을 붙잡고 글 이랑에서 씨름 중이다.

  내 안의 낱말들이 남루한 옷을 벗고 느긋이 몸을 풀 수 있을지. 글의 뿌리를 단단히 내리고 옹골찬 문장을 키워 낼 땅심 든든한 글밭으로 가꿀 수 있을지. '글쓰기는 자신을 추슬러 바로 세우는 구원의 길'이라 우기며 제대로 된 느낌표 하나 만들어 보려고 해도 심정은 어지럽고 애는 타들어 간다. 이런 나로부터 도망칠 수 있으려나.

  씨름에서 가장 힘들고 어려운 건 '버티기'다. 실제로 경기에서 제일 많이 쓰이는 것이 공격보다 버티기라고 할 정도다. 상대의 공격에 넘어지지 않아야 하고 두 팔로 샅바를 굳게 잡고 잘 견뎌 내야 한다. 잘 버티는 것, 초심을 불러내어 가며 굳건히 버티는 것, 기를 모아 몸의 중심을 잡는 것. 세상사나 인생사, 어쩜 글쓰기도 이와 비슷하지 않을까. 딱히 무엇을 이루어서가 아니라 요동치는 세상에서 그나마 꿋꿋이 살아온 걸 보면 그렇다.

  하필이면 허약 체질로 툭하면 결핍 증세가 드러나는 내 몸도, 진도가 나가지 않는 글쓰기도, 다시 중심을 잡고 심지心志를 돋워야 할 터인데. 이럴 땐 나만의 '위로 장소'라도 있으면 좋겠다.

짱짱한 햇살에도 일순 현기증과 알레르기를 일으키는 나의 오후. 자발적 칩거에서 몸을 일으켜 근교 어느 산동네 공원으로 향하는 길에서다. 대도시를 살짝 벗어난 곳, 주변의 초록 풀숲엔 노란 금계국이 흐드러졌고 사람이라곤 보이지 않는다. 덕분에 고즈넉한 길을 독차지한 채 삐걱거리는 시간을 잠시 밀쳐 두고 유유해 보는데, 어디선가 가슴에 베껴 넣어 둔 말이 떠올랐다. '사람의 몸은 참으로 신비롭습니다. 뼈와 피, 오장육부는 물론이고 솜털 하나, 숨구멍, 땀구멍 하나까지도 그 자체가 생명의 불꽃이자 심지들입니다. 그 신비로움을 신비롭게 유지하는 것은 전적으로 나의 몫입니다. 내가 내 몸을 살립니다.'

그렇지. 아무렴 나의 몫…. 눈물 나도록 살아야 할 친애하는 '몸' 씨! 나는 영원히 미완성인 예술 작품이다. 우리는 길든 짧든 늘 여정을 시작한다. 미완이란 끝이 아니라 진행형이므로.

뿌린 것 없이 거두려는 욕심은 내려놓는다. 때론 꿈을 팔기도 하고 희망을 사기도 하는 여로를, 성실한 혈관 안의 맥박으로 부지런히 이어 간다. '나'를 쓰느라 혼자 웃고 눈물 흘리는 노정을, 문장 속 동사로 고군분투 나아간다. 오늘은 나만의 '위로 음식'인 닭칼국수 한 그릇도 곁들일까. 마늘과 고추를 다져 넣은 양념장을 듬뿍 끼얹어 화끈하게 칼칼하게, 알레르기 아픔쯤은 스스로 발효해 버리도록.

내가 나에게 하는 고백과 위로가 안쓰러운지 시원한 바람이 불어

와 선심을 써 준다. 풀숲의 금계국이 몸을 흔들며 웃고 있다. 순간, 가녀린 몸으로 악전고투했을 그 자존이 눈부셔 나도 몰래 소리를 지를 뻔했다.

그곳, 그 자리(1)

수선화 옷 수선집

 혹시나 하고 들렀는데 여전히 문이 잠겼다. 정확히 말하면 사방이 색 바랜 천으로 둘러쳐진 채, 일 년이 넘게 주인 얼굴을 볼 수 없다. 재봉틀 소리, 사람 소리 사라진 가게가 쇠락의 길에 서성이는 어둠살을 두르고 앉아 묵묵할 뿐이다. 옆 가게들도 띄엄띄엄 문을 닫아 썰렁한 기운이 맴돈다.
 서면 L백화점 부근 S상가 2층은 옷 수선집들이 주로 모여 있는 곳. 거기 오랫동안 나와 함께 조금씩 나이 들어 온 단골집이 있다. 대형 백화점이 생겨나자 의상실에서 옷을 맞춰 입던 시절이 지나가고 기성복의 시대가 열렸었다. 덕분에 백화점 초창기엔 근처 옷 수선집들도 문전성시를 누렸다. 옷 길이를 자르거나 품을 조절하고 장식을 붙여 '리폼'을 의뢰하는 손님들이 많았으므로. 옷 매장의 매니저들은 수선집을 미리 지정해 두고 고객들의 요구사항을 들어줌으로써 단골손님을 확보하기도 했다. '수선화 옷 수선집'도 그래서 알게 된 곳이다.

  손끝 야문 주인의 수선 솜씨가 마음에 들었다. 물어보진 않았지만 어림잡아 주인은 나와 비슷한 연배 아니면 두어 살쯤 언니뻘로 짐작되었다. 내 옷은 그녀의 손에 의해 치마 끝단에 레이스가 달리거나 소매에 프릴이 덧붙여졌다. 치마 길이도 유행 따라 올라갔다 내려갔다, 바지통도 넓어졌다 좁아졌다, 변화를 거듭했다. 우리는 그렇게 수십 년 세월을 더불어 흘러왔다.

  내가 아는 그녀는 날마다 재봉틀 앞에서 자신의 삶도 한 땀 한 땀 박음질했다. 자르고 잇대고 꼭꼭 여미며 딸과 아들을 공부시키고 사회인으로 성장시켜 마침내 출가도 시켰다. 평생 남의 옷 고쳐 주느라 낡은 몸 등허리까지 노을 물이 든 그녀, 이제 무엇보다 자신의 인생을 다시 챙겨 봐야 할 시점이다. 소일거리 삼아 하겠다는 말에 나는 잘 생각했다며, 좀 쉬어 가면서 구경도 다니시라며, 진심으로 응원해 줬다. 얼마 동안은 병원을 드나들었다. 안과를 다녔고, 정형외과에 허리 수술을 예약했다고도 하더니, 그 뒤 잠깐 나왔다가 무소식이다.

  왜일까. 그만 일손을 놓으려나. 어디가 많이 아픈가. 모쪼록 쇠약한 몸을 잘 짚어 줄 명의의 손을 만나 건강을 되찾아야 할 텐데…. 그녀의 남다른 솜씨와 수더분한 마음씨를 기억하는 사람들이 적잖이 있으리라. 허전한 발길을 돌리는 길에 아스라한 옛 시간들이 한참을 뒤따라온다. 눈부시게 흐드러졌던 벚꽃나무 가로수가 하르르 하르르 꽃비를 흩뿌린다. 꽃은 자신이 고운 줄 알고나 있을지.
　계절이 가고 있다. 시간 따라 유행도 바뀌고 정든 사람도 속절없이 떠나간다. 여러 인연 줄에 대한 이런저런 상념에 잠기다가 갑자기 마음이 바빠진다.

수제 모자집

　단골 옷 수선집이 문을 닫자 남포동에 있는 모자집 아주머니의 안부도 궁금하다. 한때는 부산 최고 번화가였던 남포동, 복잡한 골목길 한쪽에 간판도 없는 모자 가게가 있다. 거기엔 이십여 년째 모자를 파는 조그만 체구의 여자가 자리를 지킨다. 한 번도 그냥 앉아 있는 모습을 본 적 없을 만큼 양손은 늘 분주하다. 진열해 놓은 상품들 중 삼분의 일쯤은 자신이 직접 코바늘로 뜨개질한 것들이다. 우연히 눈에 띈 곳이지만 그녀의 첫 작품을 사 오면서 단골로 맺어졌다.
　그때 처음 내가 선택한 베이지색 모자는 베레모와 비슷하게 생겼다. 납작한 베레모보다는 약간 부피가 있으면서 앞쪽에 짧은 챙이 있고, 꼭대기에 매듭 장식이 달린 게 특징이다. 한데 그 모자는 다른 손님들에겐 팔리지 않았단다. 자연스레 유일한 나의 맞춤 모자가 되었던 것. 그로부터 내 모자의 대부분은 그녀의 바지런한 손뜨개질로 태어났다. 본래 디자인에 내 생각 한 조각을 덧붙인, 세상 어디에도 없을 나만의 모자다. 마음에 쏙 드는 모자가 완성될 적엔 어렴풋한 내 꿈들도 일순 밝아지곤 했다. 긴 시간을 건너오며 이어진 관계는 끈끈하면서 서로 애잔한 터, 지금도 종종 남포동 가는 길에 들르면 반가움 가득 담긴 그녀 특유의 소리 없는 웃음을 안겨 준다.

  새로운 게 없다고 하는 그녀에게 이번엔 색깔만 다른 두 개의 모자를 주문하고 왔다. 왠지 몰라도 그래야 할 것 같았다. 세상에서 가장 애틋한 것이 '세월'임을 곱씹어 보는 내 마음이 그랬다.

그곳, 그 자리(2)

 정든 사람 정든 곳이 사라져 간다. 세월을 당해 낼 순 없다. 해가 설핏 기우는 오후 시점은 그래서 글썽이는 풍경이 된다. 몸과 마음을 통과한 시간들이 꾸다 만 꿈처럼 몽롱하고 아득하다. 허전함이 사무치면 막막한 눈길은 한없이 휘어진다. 자꾸 무엇을 잃어버리거나 잊어버린 것 같아 주위를 휘둘러본다.
 부산과 울산을 오가는 광역 전철이 개통되면서 보고픈 사람 만나 보는 양 근교의 일광 바닷가를 종종 찾는다. 부산에서 30분이면 당도하지만 이름이 유명짜한 해수욕장들과는 달리 호젓하여 약간의 여행 기분도 느낄 수 있다. 거기에다 바다와 등대를 바라보며 쉴 수 있는 맞춤한 자리 하나가 마음 줄을 당겼다. 삶의 회의가 밀려올 때 가끔씩 나를 찾아 떠나는 여행은 쓸쓸하면서도 감미롭다.
 파도도 없이 침묵하는 바다처럼 별다른 장식도 없는 조용한 카페. 2층으로 올라가 첫눈에 혹한 그 자리에 앉으면 창 안에 들어찬 바다는 잔잔한 호수 같다. 성급하게 날뛰던 것들이 서서히 숨을 고르고 가당찮은 욕망, 집착, 분노, 혐오들이 제풀에 수그러든다. 한

없는 단조로움에 놓여 천천히 책을 읽어도 좋고 글을 써도 무방하며 가만히 앉아 있어도 그만인 그곳. 애틋한 사연 한 줄 넣어 두면 저 홀로 발효한 곡절을 밀봉해 둘 것 같은 그 자리. 사는 일이 공허하고 서럽거나 담백한 문장을 쓰고 싶은 날엔 곧장 달려갈지도 모르겠다. 세월이 가도 문 닫지 말고 그대로 있어 줬으면 하는 바람을 슬쩍 걸어 두고 온다. 오래 그 자리를 지킨다는 것은, 타오르는 열정보다는 끈끈한 애정에 더 가깝지 싶다.

사람마다 가슴속에 담아 둔 장소가 있다. 같은 공간이라도 찾는 이에 따라 느낌이 다르며 추억의 색깔도 달라진다. 그저 스쳐 갈 곳이 자신에게 특별하면 기쁨이 되고 위로가 되어 준다. 장소를 가슴에 품고 있는 이유는 누군가 그곳에 있었거나 있어서이다. 아니면 번잡한 세상에서 앵돌아앉은 곳, 아는 사람 하나 없는 한적함이 심경에 닿기 때문이겠다.

존재와 공간은 운명적으로 엮인다. 인생의 순간순간들을 떠올려 봐도 늘 공간이 함께한다. 그리움의 시원인 고향 동네. 순정하고 푸릇한 꿈과 지적 호기심이 빛을 발하던 교정. 간직한 이상과는 무관하게 발등의 시간들이 치열하게 요동치던 직장 등…. 그때의 사람과 눈부신 시간과 그날의 공기마저 담은 기억은 그 장소와 마주하면 오롯이 되살아난다. 마치 낡은 환풍기 하나를 돌려주듯이. 하지만 떠올리기 싫은 기억이라면 장소마저도 애써 외면하게 만든다. 내가 일궈 온 관계망과 인연들에 의한 마음결 파동으로, 같은 장소가 멀어지고 다가오기도 한다.

  소중하고 의미 있는 장소도 결국 자신이 만들어 가는 것. 삶의 여정에서 만난 그곳 그 자리들의 이야기가 곧 나의 이력일 테다. 가끔씩 문명으로부터 벗어나 아스라한 거기로 세월을 거슬러 몰래 문 열고 싶어진다. 급하게 불어닥친 신종 바람에 추억할 장소마저 흔적도 없이 사라진다는 건 얼마나 삭막한 일인가. 지는 해가 피워 내는 꽃노을이 오늘 유난히 붉다.

말을 읽다

 말에는 각인 효과가 들어 있다. 한마디 말의 파장이 사람의 운명을 결정짓게도 한다. 누군가의 마음에서 태어난 말이 다른 사람의 마음 밭에 씨를 뿌리고, 소망의 뿌리가 되어 생활 속에서 열매를 맺는다. 때에 맞는 말 한마디가 벼랑 끝의 삶을 이끌어 주는 밧줄이 되고, 긴 인생을 만들기도 하는 묘한 힘을 발휘한다.
 통기타를 치며 열창하는 남자가 후끈한 바람을 일으키고 있다. 독특한 꺾기와 강약의 박자로 희로애락의 고개를 넘으며 무대를 달군다. 스스로 몰고 온 신바람을 타느라 무아지경인 남자는 방청석에서 보내는 부인의 응원이 더해져서인지 맘껏 음정을 갖고 논다. '사랑이 이런 건가요~♪' 50대의 가장이면서 대학원 석사과정의 학생이며 무명의 통기타 가수. 그는 삶을 치열하게라기보다 흥겹게 사는 듯하다. 숨어 있던 재능을 발휘하는 희열감으로 젊고 활달해 보인다. 어른이 되었다 하여 더 이상 자신에게 잠재된 무엇이 없을 거라는 생각은 말아야 할까 보다.
 어느 방송국의 〈아침마당-도전 꿈의 무대〉라는 프로에 출연한 중년의 남자를 봐도 그렇다. 고교 시절, 그는 좀 엉뚱했었다. 교과서 공부보다는 생뚱맞게 장자나 석가에 더 관심이 기울었으며 인생의 근본 문제에 대해 혼자만의 생각에 골똘했다. 나는 왜 태어났는지, 사람들은 왜 행복하지 못한지, 죽으면 어디로 가는지. 누구도 명쾌히 풀지 못할 문제 앞에서 고민을 거듭하던 어느 날, 집 근처의 양산 통도사를 찾았다. 한데 스님의 말씀은 도통 알아들을 수 없는 내용이었다.

돌아와 곱씹고 곱씹어 본 결론은 '스스로 찾아 보라'였던 것. 그로서는 아무래도 찾아지지 않는 답이었으니 어쩌랴. 애를 끓이다가 마침내 집안의 반대를 무릅쓰며 출가를 결심하게 되었다. 하지만 이게 웬일? 통도사에 다시 찾아간 그가 이번엔 머리를 깎겠다고 간곡히 청하자, 스님은 충격적이게도 약간의 돈을 쥐여 주며 일갈하셨다.

"얘야, 머리는 이발소에 가서 깎아라."

그 후 몇 번을 더 찾아갔으나 한결같은 대답이었다. 그러면서 한 마디 덧붙이셨다.

"자신의 행동으로 다른 누구, 아니 단 한 명의 생명에게라도 살아갈 힘과 용기를 준다면 그게 제일 큰 공부이니라."

세상은 무한 가능성을 가진 동시에 예측 불허의 무대다. 결국 출가에 실패한 그는 세상이라는 무대에서 스스로 부대끼며 혈기 왕성한 청년이 되고 건실한 장년이 되고 믿음직한 남편이 되었으며 어엿한 부모가 되었다. 중년의 고개를 넘으면서 통기타 가수도 되었다. 사람들과의 즐거운 소통을 위해 음악치료 석사과정을 공부하고 있으며 머리는 이발소에서 깎는다고 너스레를 떨면서 사람들을 웃게 한다. 그 옛날 통도사의 스님께선 '아무리 봐도 너는 중이 될 상이 아니다'라는 직관이 있으셨지 싶다.

  말은 마음의 에너지다. 흐름과 방향성을 가진 힘이다. 남다른 끼 또한 그러한 열기를 지녔으며 의외로 큰 파장을 갖고 있다. 더러는 자유로운 사고와 행동을 부추기는 방랑 끼에서부터 얄팍하고 소소하지만 삶을 유쾌하게 만드는 잡다한 끼들까지. 삶의 목적이나 존재의 의미는 개인의 심리적 철학적 종교적 배경 등에 따라 다양하게 해석될지라도, 삶이란 내가 부여하는 만큼 의미를 가진다. 자칫 우울하게 가라앉으려는 일상에서 눌러두고 덮어 두었거나 숨은 끼를 발휘해 본다면 뜻밖의 해방감과 새 의욕을 불러와 또 다른 인생의 장을 열어 줄지도…. 시간은 쓰는 사람의 몫 아닌가.

  무대가 출렁거린다. 열정으로 무장한 저 남자, 생동적인 기운이 상쾌 통쾌하다. 맥 빠진 마음에도 덩달아 흥겨움이 번지고 곤고한 삶의 행간도 일순 시원해진다. 만약 스님께서 생존해 계신다면 이번엔 그에게 무어라 말씀하실는지.

  "봐라, 중이 된 것보다 자신의 능력대로 더 많은 중생을 구원해 주고 있지 않느냐. 공부가 특별한 게 아니다."라며 호탕하게 웃으실까.

  세상은 오늘도 누군가의 꿈의 장이 펼쳐지는 경이롭고 열띤 무대다.

철없는 옷

 '시간 멈춤' 지대인가. 옷 주인은 가쁘게 세월을 헤엄쳐 왔건만 아직도 옛 시간을 붙들고 있는 옷장 안의 옷. 착잡한 주인의 심정이야 알 리 없는 옷들이 한 시절 그 순간의 추억을 고집한다. 자꾸 비껴가는 그녀의 눈길이 원망스러웠을 게다.

 결단을 내렸다. 그녀는 꽃무늬 주름치마를 시작으로 묵은 옷들을 하나하나 색출해 낸다. 무슨 의식이라도 치르는 듯 거울 앞에서 한 번 걸쳐 보고는 가차 없이 방바닥으로 던진다. 영문도 모른 채 주인에게서 내쳐진 옷들이 풀썩풀썩 주저앉는 소리가 들린다. 태풍에 획획 잘려 나가는 나뭇가지들 같다. 한창 일할 나이의 가장이 명퇴 바람으로 무릎이 퍽 꺾이는 소리 같기도 하고, 돈 못 버는 남자의 풀죽은 어깨가 연상되기도 한다. 그렇더라도 구태의연은 금물이다. 무릇 패션이란 변화를 두려워해선 아니 되거늘.

 그녀는 지극히 여성스러운 옷을 선호한다. 당연히 바지보다는 치마차림을 좋아하며, 새 옷을 사고도 굳이 옷 수선집에 들러 여성성을 더한 모양새로 '리폼'하는 수고를 마다하지 않는다. 레이스를 붙이거나 소매에 프릴을 달아 자신만의 스타일로 만든다. 고가의 명품을 입는 건 아니다. 동가홍상同價紅裳, 같은 값이면 다홍치마라는데 이왕이면 같은 옷이라도 맵시 나게 입고 싶어서다. 한 편의 글이 작가의 분신이라면, 옷차림은 그 사람의 현재를 말해 준다. 취향이나 직업, 신분까지 드러나는 게 옷차림이다.

"입는 것만큼 먹는 것에 신경 좀 써라."

귀에 젖은 이 소리는 몸이 부실한 그녀에게 하시던 어머니의 당부였다. 그런데도 솔직히, 그녀는 맛난 음식보다 우아한 옷에 마음이 더 흔들린다. 고운 옷차림은 쉽게 접을 수 없는 마음 안의 판타지이기도 하며, 생의 몇 굽이를 넘어온 자신에게 하는 그녀식의 대접이라고 여긴다. 너무 합리적이고 실용성에 치중하여 작은 호사 하나도 누릴 수 없다면 삶이 얼마나 정체될 것인가.

여자들이 고운 옷에 환호하는 건 타고난 성향일 테다. 그녀에겐 유년의 허기증도 내재하는 성싶다. 그녀가 초등학교에 다니던 시절엔 옷 호사는 가당찮은 일이었다. 아이들은 명절이라야 겨우 새 옷 구경을 할 수 있었다. 평소 어쩌다 어른들이 사다 주신 옷은 치수가 크고 원하는 모양과 색깔이 아니어도 감지덕지한 선물이었다. 하늘하늘한 레이스와 커다란 리본이 달린 원피스는 만화책 그림에서나 볼 수 있는 실루엣이었고, 꿈에도 입어 보지 못한 공주 옷이었다. 그 옷에 눈길을 매달았던 아이는 유난히 옷 허기가 지곤 했다.

흐르는 시간 따라 얼굴과 몸매는 변한다. 기품 있고 당당한 패션은 뜻밖의 자신감으로도 이어지고 삶에 활력이 될 수도 있다. 개성적이며 미적 감각이 살아 있어야 제대로 된 패션일지니, 진정한 멋쟁이라면 제 안부터 살피고 점검하는 일 또한 필수다. 수시로 덜어 내고 비울 줄도 알아야 세련된 분위기를 지닐 수 있으리라. 색깔과 모양이 어우러지고 품과 길이가 맞아야 옷도 맵시를 내어주고 싶지 않을까.

옷장을 정리하는 일도 그렇다. 그녀가 옷을 정리할 때는 전문가의 노하우를 차용하고 자신의 경험을 보탠 규칙이 있다. "첫째, 놔두면 더 입지 않을까 하는 함정에 빠지지 않는다. 둘째, 하나를 사면 하나를 버린다."가 효율적인 정리 방법임을 인정한 터다. 만약 비싼 옷일지라도 입을지 말지 고민한다는 건 벌써 그 옷의 효험이 끝났음을 의미한다. 지나간 유행은 절대 그대로 돌아오지 않는다.

생각해 보니, 살아가면서 덜어 내고 비우고 재정리하는 일은 그 나름의 '새로워지기' 위한 처방 아닐는지. 심적이든 물적이든 불필요하게 누적되어 문제가 되는 것들을 가능한 줄이고 새로워지려는 노력, 그녀는 거기에 '옷장 정리' 항목을 포함시킨다.

한데 새벽 4시에 일어나 혼자 날개 치고 있는 저 여자. 무슨 광기일까, 방바닥엔 '주인보다 너무 젊다'는 죄목으로 끌려 나온 옷들이 수북이 쌓이고 널리고 퍼질러졌다. 해마다 가을 패션을 살려 주던 이 바바리와 원피스는? 꽃무늬 스커트는? 점점 시간이 늘어진다. 그녀는 당황하고 있다. 분명 곤혹스러워하고 있다. 어쩜 추억 속의 시간을 고집하는 철없는 옷들과 더불어 영 철나고 싶지 않은 게 그녀의 속마음일지도….

  하지만 곧 툭툭 털고 차츰 홀가분해질 것이다. 그리고 다시 그녀만의 패션으로 갈아입을 것이다. 겨울을 앞두고도 주눅 들지 않는 옷, 새 계절을 지켜 줄 또 하나의 옷으로 가뿐하고 우아하게.

컷, 낭만 도시

　차도 건너편 구두 수선집 하나가 마침내 포착된다. 구세주다. 신고 있던 구두를 맡기고 방전된 심신을 간이 의자에 앉혔다. 한데 어머나, 뜻밖에도 풍광이 기막히다. 줄지어 늘어선 가로수며 오가는 사람들과 확 트인 아스팔트 도로를 씽씽 달려 나가는 자동차들까지 한 컷의 근사한 풍경화다. 길거리 자리치고 이만한 명당이 있으려나.
　무릎에 펼쳤던 수필집을 다시 덮으며, 구두 수선을 하러 왔다는 생각도 잠시, 막 물들기 시작한 가로수의 가을 색에 속절없이 빠져든다.
　"아저씨, 구두 수선집이 이만큼 분위기 있는 곳은 없겠어요! 나무 그늘이 넓어 여름에도 시원하죠?"
　"남향이라 겨울에도 춥지 않은 걸요."
　구두정형외과 전문의는 이야기를 하면서도 수술에 여념이 없으시다. 퀴퀴하게 풍기는 수술대 위의 구두 냄새를 무슨 과일 향인 양 맡고 사는 구두병원 의사. 거룩한 손이 능수능란하다. 수술이 끝난 구두는 전보다 더 탄탄한 희망이 차오르겠다. 우울하게 움츠렸던 내 발도 다시 충전될 테지.

　지금 수술이 한창인 지하철 ○○역 앞 커다란 가로수 아래 구두병원은, 까칠하던 시간도 곱게 다듬고 있다. 닳은 몸과 지친 마음도 쉬게 하고 멋진 풍경까지 가득 안겨 준 오늘의 감동. 길거리 구두병원에서 가슴이 촉촉해질 줄이야…. 복작복작한 도시도 마음이 윤택하니 낭만 도시다.(부산수필문예 2023년 제52호-수필소묘)

제2부

바람이 세든 집

모자가 사는 법

　이만한 영광이 없다. 향긋한 화장에 외출복을 차려입은 주인이 머리 위로 정중히 모셔 주니 세상이 내려다보인다. 폼 나게 길거리에 나서면 휘파람이라도 불고 싶다. 찬사를 보내는 사람들의 눈길을 거느릴 땐 주인보다 더 으쓱해져 신바람이 난다. 내 본분은 주인의 외출 길에 패션으로 동행하는 일. 문제라면 '어떻게 제자리를 잘 지키느냐'가 될 것이다.
　종종 현기증이 나기는 한다. 머리에 얹혀 있다 보면 머리카락 냄새에서 벗어나고픈 순간도 있다. 그러다가 낯선 바람이 휘익 불어 올라치면 행여 끌려갈까 또 안간힘을 쓴다. 긴장의 끈을 놓지 말아야 한다. 까딱 잘못하다간 허공으로 날아가 바닥으로 내리박히는 낭패를 당할 수 있으니 자중하고 자중할 일이다. 굴곡 없고 희비가 섞이지 않는 삶이 어디 있으리. 체통을 지키기 위해서라도 가볍게 나풀거려선 안 된다.
　주인 덕분에 곳곳을 두루 다녔다. 심심찮게 무슨 행사장에도 드나들고 북적북적한 인파 사이에서 시끌벅적한 도시 문화도 누렸다.

어느 날엔 예정에도 없는 하루 여행길에 훌쩍 올라 새로운 풍경과 조우하는 일은 내 삶에 활기를 더한다. 그뿐인가. 틈틈이 꽃 장식이나 리본으로 나를 업그레이드하는 주인의 정성이야말로 분에 넘치는 호사로, 이만하면 상팔자다.

주변에는 다양한 친구들이 유행을 선도한다. 신사들이 쓰는 중절모를 비롯하여 일명 벙거지 모자라 일컫는 버킷 햇bucket hat, 여름철 숙녀들이 즐겨 쓰며 넓은 챙이 물결 모양의 곡선을 이룬 플로피 햇floppy hat, 남녀노소 계절 구분 없는 베레모도 있다. 어떤 이름을 가졌고 어떻게 생겨 먹었건 '폼에 살고 폼에 죽다'가 우리들 패션모자의 공통된 생리다. 속이 없는 물건들이라며, 얹혀사는 주제라며 폄하진 마시라. 잊으셨나, 사물이든 사람이든 생은 자신의 몫에 천천히 정들여 가는 여정이라는 것.

다행히 글을 쓰는 주인과 나와의 어울림은 그리 들뜨지 않고 차분하며 친숙하다. 부드러운 감성의 바람이 살짝 감도는 주인과 더불어 예술적 분위기를 연출해 낸다. 나와 동행하지 않으면 지인들도 주인을 낯설어할 정도로 우린 서로의 이미지가 되었다. 세상엔 다른 삶도 많을 테지만 나를 애지중지하는 주인과 오래도록 함께할 수만 있다면 이대로도 괜찮다. 아는 만큼 보인다고 하여도 알아서 행복해지는 건 아니더라고.

모양새가 다른 친구들 중엔 사철 땀에 절어 사는 녀석도 있다. 산행이 취미인 남자를 만난 등산모 녀석은 머리의 땀 냄새를 사과 향기인 양 맡아야 한다. 이즈음엔 거의 날마다 산을 오르는 주인과 밤낮 산길 들길로 붙어 다닐 정도란다. 가도 가도 험난한 산비탈과 '깔딱 고개'만 이어진다는 푸념을 늘어놓는다. 어쩌다 선선한 골바람이 위로해 주고 노란 금잔화와 보라색 제비꽃이 마음을 달래 주지만 땀내는 갈수록 심하다며 툴툴거린다. 도시의 번화가를 폼 나게 활보해 보고도 싶고, 음악의 선율이 잔잔하게 깔린 옥내에서 아늑한 시간도 향유하고픈 게 녀석의 요즘 희망 사항이다.

하긴 그의 주인도 무심하시지. 종일 햇볕과 땀으로 기진한 하산 길에서조차 녀석을 위한 일이라곤 잠시 내려 탁탁, 먼지를 털어 주는 게 고작이랴. 그윽하고 품위 있는 곳엔 아예 데려갈 생각도 하지 않는다며, 세상에 모자조차 팔자가 있어야 하냐고 녀석이 불만을 터뜨릴 만하다. 그러면서 어제도 오늘도 용케 잘 버텨 나가는 걸 보면 자신의 자리에 점점 익숙해 가는 모양이다. 아니 언젠가 멋진 날이 온다는 꿈으로 땀 냄새를 지그시 눌러 덮고 있는지도 모른다. 혹 꾸불꾸불 에두르는 산길보다 산 아래의 길이 외려 가파른 삶이라는 걸 녀석이 벌써 눈치챘는가.

사람들은 많은 것들을 꿈꾼다. 평평한 길도 가다 보면 늘 제자리인 듯 느껴져 높이에 대한 선망을 갖게 된다. 보다 높이 오르고 더 많이 가지려 버둥거리느라 세상엔 온갖 술수가 난무한다. '보다 더'에 매달린 마음은 또 다른 탐심을 부추긴다. 오래된 것보다는 새것을 탐하는 것이 세상인심이며 유혹에 흔들리고 변심 또한 잦은 것이 사람 마음이다. 나도 살짝 걱정은 된다. 주인의 눈길이 나 몰래 다른 녀석에게로 옮겨 가진 않을지. 나보다 훨씬 근사하고 독특하게 생긴 녀석을 불쑥 데려오진 않을지. 산전수전 다 겪은 선배는 "아직 젊은가 보네!" 하고 껄껄 웃지만 애초 만만한 생은 없다. 삶의 무대엔 숱한 변수들이 포복해 있고 난데없는 풍우가 무시로 불어닥친다.

무엇보다 조바심하는 건, 주인이 가면의 모자 하나를 척 덧쓰면 어쩌나 하는 것이다. 막연한 혼란과 아득한 내일이 혼재된 가면을 쓰고 살아가는 현대인들 아닌가. 갖가지 탈들이 속출한다. 상처를 가면으로 가리고 야릇한 분장을 하여 거짓이 진실 같고 가짜가 더 진짜로 보인다. 만약 우리 주인마저 위선적인 폼으로 세상의 닳고 닳은 그런 수라도 쓴다면….

쉿! 이 모든 것은 오직 나의 기우이거늘, 친애하는 주인님은 내 속을 하마 헤아리고 있을 게다. 더 바싹 다가가 주인 몸의 일부를 가려 주는 보호막이 되련다. 하나의 상처 뒤엔 또 다른 상처도 있지만 또 다른 희망도 기다리고 있으니까.

먼 곳은 동경의 대상일 뿐 피안이 아니다. 여태 보고 듣고 왔던 길을 되돌아보면 알 것도 같다. 천국도 지옥도 아닌 악다구니 세상 '지금 바로 여기'가 꽃자리다. 속이 없는 물건이라고? 엎혀사는 주제라고? 웃는 얼굴로 돌아서서 폄하하지 마시라. 이것이 우리들, 모자의 솔직하고 담백한 마음이거늘.

느린 독서

　직장 일에서 벗어난 그녀가 '글쓰기'를 시작했다. 세상사든 연애사든 속속들이 꿰고 있어야 할 것 같은 소설 쓰기는 가당찮았다. 언감생심 은은한 문향을 꿈꾸며 감성에 맞는 수필에 엎드렸다. 수필을 쓴다는 건 결국 자신을 쓰는 것. 내밀한 제 속을 들여다보면서 눈으로 마음으로 세상을 읽고 깊이 사유하며 자연과도 교감하는 길이다.

　그렇게 시작한 '글쓰기'가 일상이 되고 글 동네에서 보낸 세월도 어언 20년을 훌쩍 넘겼다. 한데 어쩌자고 갈수록 앞이 막막하여 애가 마른다. 스스로 짊어진 글 짐에 눌려 절뚝거리고 허우적대기 일쑤이니 속이 타들어 간다. 틀에 갇히기를 거부하지만 과감히 튀어 볼 주제 또한 못 되기에, 몸이 받아 내는 스트레스가 오죽하랴. 비명을 삼킨 몸이라도 우선 달래 줘야 글줄도 나아갈 텐데 생각만 얽히고설킨다.

　운동 겸 취미로 배우는 한국무용 수업을 마치고 단골 맛집에 들렀다. 오후 4시 반을 넘어가는 시점. 깨끗이 정돈된 식당 안엔 중노인 남자 3명이 밥상 겸 술상을 벌여 놓고 이야기 한 상도 곁들인 판이다. 근처 상가의 점주들로 짐작이 갔다. 그들을 등지고 몇 테이블 건너편에 앉은 그녀는 이 식당의 주메뉴인 황태구이를 시켰고, 매콤하면서 고소한 맛과 향긋한 쌈 채소에 정신이 팔리기 시작했다.

"나는 그 여자와 10년째다. 일주일에 두 번씩 만나는데, 일주에 한 번이라는 그 여자의 남편보다 나하고 더 많은 밤을 보냈다."

파란 잎채소에 노릇한 황태구이 한 토막을 올려 싼 쌈밥이 그녀의 손바닥에서 미끄러진다. 정신이 어질어질하다.

"다 좋은데 돈을 너무 밝히는 게 탈이야."

캑캑, 급하게 넘긴 쌈밥에서 매운 양념이 목구멍을 공략하는 통에 숨길이 따갑다. 찬물 한 컵을 들이켠 그녀, 오늘따라 입천장을 찌르는 황태 잔가시를 애써 발라내고 물김치 국물을 후루룩 넘긴다. 고개를 숙여 다시 구이 한 쌈을 얌전히 싸며 갈등한다. 그만 나가 버려? 아니, 쟁여 온 세월이 얼마인데 이 정도를 못 참아?

취기 오른 남자들의 육담은 의외로 당당하다. 책이건 사람이건 지켜야 할 최소한의 예의는 있는 법이거늘, 아무 쪽이나 펼쳐 함부로 본능적이고 노골적으로 독자를 우롱하는 황당한 소설을 보았나. 우연히 집어 들었다가도 첫 줄을 읽다가 휙 던져 버릴 책. 애당초 살내 품은 글 향은 고사하고 뜨거운 숨결의 애틋한 구절 하나 없이 단도직입인 저 통속 애정 소설. 저작자는 기승전결을 어떻게 끌고 갈 참인지, 행간에 빛나는 반전이라도 숨겨 놓았는지. 그건 알 수 없지만, 그녀는 한 가닥 희미하게 남아 있던 소설 쓰기에 대한 미련은 그만 내려놓는다.

20여 년 전에도 그녀가 자의적으로 놓쳤던 소설 쓰기, 지금은 아쉬움 없이 놓치기로 한다. 사실이나 허구의 이야기를 작가의 상상력과 구성력을 가미해 다양한 세계를 제시하는 그 어떤 다른 장르의 소설일지라도….

무엇이 문제인고.

세상은 변화무쌍한데 그녀의 독서는 아직도 '느리다'인가.

바람이 세 든 집

　외줄에 매달렸다. 사방 천지 푸른 억새풀이 바람과 더불어 눕고 일어서는 이것은 소리 없는 아우성. 유월 초의 산뜻한 초록을 풀어 놓은 동산답고 부드러운 능선이건만 몰아쳐 오는 섬 바람은 거칠고 맹렬하다. 굵은 줄 하나에 의지한 몸을 통째로 날려 버릴 기세로 여기가 바람의 영토임을 일러 준다.
　바람과의 사투다. 높은 산도 아닌 오름에 불과하다고 만만히 봤던 예상은 곧 빗나갔다. 한 치 앞도 예측하지 못한 생각이 유지된 건 고작 십 분 정도. 가파른 계단 길을 오르면서 사정이 달라졌다. 야자 매트가 폭신하게 깔린 천국의 계단인가 했는데, 세찬 바람에 비틀거리면서 오름의 계단도 뒤틀린다. 내 안목이 맹목이었나. 제주도다운 바람 앞에 자유자재로 휘날리는 머리카락이야 놔두고라도 심신이 간당간당하다. 한 손으론 동아줄을 붙잡고 다른 한 손으론 모자를 잡은 채 간신히 떼 놓는 갈지자걸음이 연신 허방을 딛는다. 생각지 못한 고난의 계단이라는 걸 알았을 즈음, 겨우 정상에 도착한다. 헉헉거리며 올라와 만나는 목적지, 끝점. 이보다 더 반가

울 수가….

　새별오름. 푸름이 물결치는 억새풀 초원에 선다. 제주도 곳곳에 솟아 있는 수많은 오름들 중에 서부의 대표 오름이라 한다. 새털구름 점점이 그려진 하늘을 배경으로 눈 아리도록 청청한 문장을 언제쯤 보았는지. 억새라면 소슬바람 부는 가을날 흰 꽃 머리를 푼 모양새로 서걱거릴 때라야 제 모습인 줄 알았다. 이건 바람에 흔들릴수록 쌩쌩 긋는 역동적인 부호들, 바람보다 먼저 일어서라는 강렬한 시그널이다. 서늘한 결핍의 가을 억새만 기억한다면 새파랗게 직조해 내는 봄날의 억새를 필히 읽어 두어야 하리. 이 미학적인 순간에 터질 듯 팽창하는 가슴으로 푸른 문구를 받아 적는 사람 하나는 소진해 버린 무엇을 불러오려는 걸까.

　어쩔 수 없는 일들은 언제든 일어난다. 세계적으로 창궐한 역병에 발이 묶이긴 생전 처음이다. 단숨에 넘을 수 없는 힘든 고개이며 쉽사리 통과할 수 없는 터널인지라 '집콕'하며 일 년을 보냈다. 봄이 왔어도 봄 같지 않은 세상에서 늦은 봄날마저 다 가고 있다. 빽빽한 아파트와 고층빌딩으로 에둘린 도시에서 내 삶이 낮달처럼 낡아 가고 있다는 절박감에, 죽이 맞은 선배 문인과 마침내 제주도행 바람 길을 탔다.

　바람(願)을 안고 바람맞이 나선 길, 낯익은 삶의 모퉁이에서 낯선 삶의 모서리를 만나는 걸음걸음. 동행한 선배는 발길 닿는 곳마다 자연이 써 내려가고 연출하는 천혜의 작품에 감탄사를 연발하더니 숙소로 돌아와선 끙끙, 허리를 앓는다. 그러면서 시를 쓰고 다음 날이면 거뜬히 일어나 일정을 챙긴다.

뿌연 안개와 해류를 가르며 나아가는 유람선에서 갑판에 나앉기를 고집하는 그녀. 한 시간 동안의 뱃길에 자욱한 안개를 두르고 앉아 바람을 맞는다. 왠지 이번 여정에선 더 많이 감격하고 더 자주 탄성을 지르며 감성을 노출한다. 세상, 살 만큼 살았다고 말하면서도 그녀의 감수성은 대책 없이 넘치고 두 눈은 아직도 고프다. 선실 창 안에서 안개 바다와 마주한 나는 또 왜 생뚱맞게 가슴 한쪽이 먹먹한가.

승객들의 기분을 북돋우려는 유람선 사회자가 음악을 틀어 놓고 마이크를 든다.

"오늘 참 기찬 날을 받으셨습니다. 가도 가도 보이는 건 안개뿐입니다."

"선내 왼쪽에 앉아 계신 분들은 그만 관광을 포기하셨습니다."

"갑판에 계시는 여사장님들은 바람에 이 남자 저 남자 품으로 안기지 마시고 제자리에 꼭 앉아 계십시오."

폭소가 터진다. 까딱하다간 시퍼런 물속이 아니라 시커먼 외간 남자 가슴으로 뛰어들 뻔했었나. 안개 낀 날씨도 그런대로 운치 있는데 풍랑 위에서 유유히 웃겨 주는 저 잘생긴 남자, 썩 괜찮다. 아슬아슬한 수면水面을 생활의 터로 삼기까지 세상이라는 격랑의 파도타기에서 마음 줄 잡는 자세쯤은 선수련했는가 싶다.

일정을 마친 저녁에 비명을 지르는 선배의 허리에 파스를 붙여 준다. 시큰거리는 내 발목에도 파스 두 장을 헌납하며 잠시 몸의 말씀에 귀 기울인다. 가는 세월에 어쩔 수 없는 변화는 내 몸에서부터 일어난다는 것. 뼛속에 무단 침입한 바람도 어떻게 길을 잘 틔우느냐에 따라 삶이 달라질 수 있다는 것. 몸과 수십 년 동고동락하며 내린 자가 진단에 희망 처방을 붙여 볼 참이다. 남은 생이 잘 피고 잘 지도록.

다시 저 높은 하늘로 이륙할 시간이다. 비행기가 바람을 맞으며 제주공항 활주로를 달린다. 막힌 데 없이 쭉 뻗어 어디든 떠나기를 부추기는 활주로는 포장 두께가 엄청 두꺼운, 세상에서 가장 단단한 도로다. 이 단순해 보이는 직선과 사방에서 부는 바람의 상관관계를 이제야 알게 되었다.

활주로에 부는 바람은 항공기 이착륙에 커다란 영향을 미친다. 이착륙 시에 맞바람을 맞으면 양력(항공기를 공중에 띄우는 힘)이 향상하여 비교적 안전하게 이착륙을 할 수 있다. 뒷바람이나 옆바람일 땐 양력이 감소하고 항공기의 자세 제어도 힘들다. 하여, 활주로의 방향은 바람의 방향과 세기를 최우선으로 고려한다. 대개는 맞바람을 가장 많이 받을 수 있는 방향으로 건설하게 된다고.

삶은 배움의 길일지니 바람의 섬에서 살아 있는 바람을 만났다. 팽팽한 맞바람을 맞는 게 인생이라면, 정면 돌파하여 오르는 이륙의 찰나는 막힌 가슴 터지는 생명의 극상. 최고의 돌파력을 발휘하는 그것은 삶의 불쏘시개가 되고 영혼을 승화시키는 촉매가 되겠다. 권태와 절망이 위협적으로 몰려와 마음에 깊은 골을 파 놓을 때, 어딘가로 훨훨 이륙할 수 있다는 생각만으로도 얼마나 위로가 되는지.

 막막한 현실에서도 시시때때 날아오를 꿈을 꾸는 걸 보면, 애초 사람의 허파 한구석엔 바람이 장전되지 않았을까. 알 수 없는 그리움, 거리낌 없는 자유, 버릴 수 없는 욕망과 갈망, 그리고 환상의 바람들…. 생명生命으로 춤추게 하고 흔들리게 하고 미치게 하는 바람의 증후군들이 오늘도 어둑한 삶을 들썩여 준다.

 바람에게도 자연의 이치대로 흘러가는 길이 있는 법. 가슴속 뭇 바람이 사라지는 날엔 생명의 유효 기한도 단연코 그칠, 사람 몸은 바람도 함께 세 든 집이다.

가슴 구멍을 아세요?

그녀를 다시 보게 되었다. 초록이 눈부신 5월, 어느 방송국 〈속풀이쇼 동치미〉에 63세의 그녀가 출연했다. '원조 효녀 가수'라는 타이틀을 가진 그녀는 27년간 치매 어머니를 모신 효녀답게 히트곡도 〈우리 어머니〉이다. 한동안 방송에서는 통 볼 수 없었는데 28년차 가수라니 활동을 멈추진 않았나 보다. 반가웠다. 수려한 외모에 커다란 눈동자를 가진 그녀를, 나는 아득한 날들과 더불어 소환해 온다.

그때 나는 뿌연 안개 속을 가고 있었다. 사방이 안개 터널이었다. 요양원에 계시던 아버지가 돌아가시자 이번엔 엄마가 지병으로 쓰러졌다. 아픈 엄마를 간병인의 손에 맡기고 허둥지둥 직장으로, 집으로 종종걸음을 쳐야 했다. 선택의 여지 없이 펼쳐진 삶의 행간에서 엄마는 맏이만 바라봤고, 나는 그렇게 간병인과의 바통 터치를 잇대어 가는 하루하루가 간당간당했었다. 꿈도 사위어 가고 내일조차 희미한, 그저 기진맥진하는 시간의 연속이었다고 할까.

나보다 10년쯤 젊은 그녀가 남편과 살뜰히 치매 어머니를 돌보는 장면이 TV에서 방영되었다. 울컥했다. 맞잡을 듬직한 손이 있다는 부러움도 찡하게 섞여 있었다. 놀라웠던 건 방송국 출연자 대기실에 그녀가 휠체어를 탄 어머니를 모시고 나타나면서다. 와락, 동병상련의 아픔이 안겨 왔다. "옥색 치마 차려입고 사뿐사뿐 걸으시면~ 천사처럼 고왔던 우리 어머니~" 물기 어린 눈으로 애절하게 부르는 노래가 마음에 감겨들고, 그녀의 노랫말이 잔가시처럼 따끔거렸다.

사람이든 인생살이든 겉으로 보이는 게 전부가 아니다. 너 아니면 죽겠다는 남자의 적극적이고 열정적인 구애의 손을 잡았던 그녀의 삶은 녹록하지 않았다. 결혼 며칠 후 어머니가 치매 진단을 받았고, 6남매의 막내딸인 그녀가 어머니를 모셔 오면서 남편과 갈등이 생겼다. 치매 장모님을 모시는 게 큰 불만이었던 남편은 결국 바깥으로 나돌았으며, 숱한 여자들과 바람을 피우는 이중생활이 시작됐다.

"나는 항상 죄인 같았다. 엄마를 달고 왔던 탓에 남편이 바람을 피우는 낌새가 보여도 어디에다 얘기할 수가 없었다."

자칭 '15명과 남편을 공유한 여자'라고 실토한 그녀. 어머니가 92세의 생을 놓을 때까지 남편과 어머니 사이에서 부대낀 그녀의 결혼생활과 남편의 27년 이중생활은? 뜻밖의 사고로 남편이 사망하면서 마침표를 찍었다. 십수 년 전 일이란다. 내가 효녀였을지 모르나 아내 역할은 잘하지 못했구나, 그동안 겪은 엄청난 일들이 그 사람만의 잘못은 아니었구나, 자책하는 화면 속 그녀가 눈물을 글

썽인다. 과거가 많이 떠오르는 사람일수록 괴로움도 많을지니, 못 다 흐르고 가슴에 담아 둔 눈물은 더욱 깊었으리라. 방송을 시청하며 지난 시절의 동동거리던 내가 새삼 오버랩되었다. 애달픈 생의 갈피에서 빛을 좇는 사람들의 욕망과 집착도 스쳐 갔다.

  삶이 괜스레 공허하고 아린 시간 줄을 타는 중이다. 사람은 나이만큼 늙는 것이 아니라 자신의 생각만큼 늙는다고 한다. 제 나름의 기를 써 보지만 몸이 무시로 불협화음을 일으킨다. 노년은 가슴으로 삶을 볼 줄 아는 시점이라며 최면을 걸어 봐도 왠지 저릿저릿하다. 누구는 빈방에 한가로움이 넉넉하여 충만의 시간이라고도 하지만 이따금 가슴이 쿡쿡 쑤셔 댄다. 할 일이 없어 조용해도, 별 하는 일 없이 바빠도 마음이 먼저 절뚝거린다. 음악을 듣고 운동을 하고 사람을 만나고 밥을 먹고 차를 마시고 나서도 어쩔 수 없는 심란함이라니….

  사람의 가슴엔 아물지 못하는 구멍이 있다. 앙금으로 들어앉아 용해되지 않는 통증이 있다. 태어날 적부터 자신이 누구인지 알고 싶어 하는 '존재 결핍'이 있는데 그것을 '소유 결핍'으로 잘못 알고 있다는 것. 그러기에 채우려고 하는 어리석음을 범한다는 것. 더러 그 구멍에 술, 영화, 사진 등을 넣어도 봤지만 다 소용없었고 지금은 그저 구멍을 바라본다고 하던가. 어느 대학병원 정신과 의사가 쓴《한 정신과 의사의 37년간의 기록》에서 했던 말이다.

  선천적 가슴 구멍을 지닌 나, 그대, 우리, 어떠하신가. 돌발성 소낙비가 그치고 중천에서 쨍쨍하던 붉은 해가 빛깔을 희석하며 서천으로 이운다. 소멸의 전조가 깔린 하루치의 날이 점점 저문다. 재바르던 몸이 눈에 띄게 느려지는가 하면, 가끔은 백지영의 노래 한 구절이 되새김질되는 오늘을 산다. "정말 가슴이 너무 아파… 총 맞은 것처럼…"

굽이치는 세월에 멀쩡한 사람은 없다. 모진 아픔도 배고 기막힌 슬픔도 녹아드는 법. 삶의 희로애락에 제법 의연해질 나이테를 새겼건만, 내려놓아야 할 것들이 무엇인지 조금은 깨달을 즈음이련만, 자주 눈시울이 붉어진다. 아직은 감정의 잎줄기가 마르지 않아서일까. 수없는 은유를 간직한 채 애초부터 있어 온 그 가슴 구멍 때문일까. 그렇더라도 스스로 영혼이 깊어져 피 흘리지 않고 담담하게, 더 깊숙이, 더 그윽하게 자신의 안팎으로 도달했으면 좋겠다.

바람 살푼 부는 오후의 하늘을 올려다보며 심호흡을 해 본다. 두 팔을 벌려 가슴을 펴고 촉촉한 바람의 소절들을 천천히 한껏 들이켠다.

이 나이는 처음 살아 봐

심통을 부리는 피부가 늘 못마땅하다. 나이를 먹으면 웬만큼 단련될 만도 하건만 유난히 예민하고 약한 내 피부다. 나을 듯 말 듯 다시 덧나는 알레르기에 화가 치민다. 만성염증은 쉽게 낫지 않는다는 말에 마음이 또 갑갑하다.

어디 트러블을 일삼는 피부뿐인가. 타고난 민감성이 수시로 올무가 되어 사람을 옥죈다. 사철 감기에다 이즈음엔 걸핏하면 여기저기 고장을 일으키는 몸을 감당하느라 '사람은 존재 그 자체가 병'이라는 말이 실감 난다. 질병은 인간이 흠을 지닌 불완전한 존재이기에 어쩔 수 없는 거라면 내 상처에도 서사적인 고통이 있다고나 해둘까. 누군가는 몸의 질환이 긍정적인 요소가 된다고도 역설했다. 불완전함을 극복할 수 있게 하는 것이 삶의 원동력이 될 수도 있다는 뜻이다. 그렇다고 질병을 벗으로 여길 만큼 대범함을 갖추진 못했으니 심신이 복닥거릴 수밖에.

건축에서는 오래되고 낡은 건물을 기존의 골조를 바탕으로 새롭게 뜯어고친다. '리모델링'이다. 삭은 파이프를 교체하고 내부구조도 스마트하게 재구성된다. 어수선한 부엌이 아늑한 현대식 주방으로, 우중충한 화장실이 산뜻하게 탈바꿈한다. 퀴퀴하게 색 바랜 것들을 벗겨 낸 자리에 환한 도색으로 빛을 넣어 주면, 같은 건물이나 공간일지라도 확 달라진다. 마치 새로 지은 것 같다.

나야말로 전혀 딴 사람으로 탈바꿈하고픈 간절함이 일 때가 있다. 말썽을 일으키는 육체는 물론 바작거리며 죄어드는 성격까지 싹 바꾸고 싶다는 바람이 순간적으로 일어난다. 제 마음을 다스리지 못해 시시각각 이성과 감정 사이에서 소모전을 치를 적에, 옹졸한 행동과 절제하지 못한 말이 실망스러울 적에, 할 수만 있다면 환골탈태하고 싶은 충동이 인다. 그리하여 안달복달하지 않고 느긋하게 한번 살아 보고 싶다.

어느 땐 외모라도 변화를 주려고 호기롭게 미용실 문을 밀치고 들어간다. 그런데? 전신을 비추는 커다란 거울 앞에서 뜻밖에 소심해질 줄이야. 부푼 바람이 스르르 빠져나가면 행여 실수하지 않도록 삼가고 경계하는 쪽으로 마음이 기운다. 결국 헤어스타일 하나마저 대담한 '낯섦'보다는 익숙한 '낯익음' 쪽을 택하고 만다. 나로부터 한 발짝도 벗어나지 못하는, 자신만의 그 무엇도 보이지 않는 결과가 마땅찮으면서 의구심이 들기 일쑤다.

그렇다 한들 '건강하고 아름답게 살고 싶다'는 우리의 소망일 테다. 사람은 마음 안의 선善과 그것들의 분신이라 할 수 있는 욕망의 균형추가 맞아야 건강한 삶을 지탱할 수 있다고 한다. 하루에도 몇 번씩 벼랑과 비탈길과 불길로 부대끼는 것이 사람 마음인데 저울추가 어찌 균형을 유지하겠는지. 아무래도 인간이 선천적 불완전함을 극복해 간다는 일은 평생에 걸친 '리모델링' 작업이라고 헤아려 본다.

날마다 조금씩 새로워져 보는 것, 가당찮은 일일까. 여태 살아도 하루가 서툰 마당에 타고난 것과 몸에 밴 것으로부터의 '깜짝 변신'이야 바랄 수 없지만, 하루씩 새로워 본다면…….

"나도 이 나이는 처음 살아 봐."

오랫동안 보아 온 선배에게서 그 말을 듣는 순간 의외로 새뜻했다. 내게도 처음인 지금 이 나이. 아픈 덕분에 고장 난 것들을 시치고 꿰매며 무겁지 않게 걸어가 볼까. 마음의 단추를 하나쯤 풀어 놓기도 하면서 말이다. 필시 삶의 거름이 되고 지혜가 되어 줄 통증과 상처를 잘 다독이고, 익숙한 것도 비워 낼 줄 알며, 낯선 것도 받아들이는 슬기로움을 터득해 간다면… 자꾸 그러노라면… 그만큼 넉넉해져 새로움에 닿아 있을지도 모른다. 혹 그게 허망하고 어리석은 꿈일지라도 은빛 머릿결 나부끼며 보폭이 같은 사람들과의 유유한 인생길을 연상해 본다.

생명인 것들은 아프고 흔들린다. 녹색 가로수 잎이 다른 모양으로 바뀔 때쯤 나는 또 한바탕의 몸살을 앓을 게다. 계절에조차 엄청 민감한 내 체질은 타고난 '리모델링' 추구형인가. 나이가 온몸에 박혀 올 때마다 자세를 고치며 다시 살아 볼 궁리를 하니까. 어느새 곁을 스치는 바람 한 소절이 잘 살아 보라며 어깨를 툭툭 치고 간다.

그럼에도 고go고go

　사람에게만 고유한 것에 정신이 있다. 인간을 인간답게 하며 부실한 나를 여태껏 온전히 지켜 준 그것. 비록 투명하고 빛나는 정신이라 한들 시시때때로 요동치는 세상에서 안녕할 수만은 없으리라. 숱하게 날뛰고 졸아들고 난분분하는 세월 속을 허박한 몸과 사생동고하느라 정신도 진이 빠지지 않았을까.

　몇 주 전 토요일이었다.
　저녁 미사 시간까지 30분가량 남은 시점에 서둘러 동네 옷 수선집부터 들렀다. 옷을 찾기로 약속한 시간을 훌쩍 넘겨 재촉한 걸음이다. 한데 재봉틀 앞에 머리를 박고 있던 아주머니가 고개를 들며 묻는다. "옷 맡겼어요?" 이 무슨 황당한 소리인고. 오전에 가게 문을 열자마자 와서 맡겼다. 내일은 휴일이라 오늘 꼭 완성해 주십사는 내 청에 저녁 6시로 약속했었다. 그걸 그새 까맣게 잊었단 말인가. 아파트 동네에 새로 문을 연 가게인데 그동안 종종 찾았던 곳이라 낯익은 얼굴이다. 옷 모양과 색깔과 수선 의뢰한 부분을 읊어 대자 기억을 되살린 아주머니는 한참을 뒤져서야 수선된 원피스를 찾아냈다. 허허, 아무래도 정신이 평온하게 거할 집으로서의 그녀 몸은 현재 '지나치게 바쁨'이 틀림없다. 미사 시작 15분 전이다. 내 걸음도 급해졌다.

성당에 도착했을 때는 다행히 5분의 여유가 있었다. 단 5분이라는 순간이 그토록 고맙고 넉넉할 줄이야. 찌는 날씨에 옷 수선집에서의 작은 소동으로 얼굴이며 몸이 끈적대어 찬물이라도 덮어쓰고 싶었었다. 그런 상태에서도 간신히 성당으로 발길을 이끈 내 마음이 가상할 정도다. 조용조용 문을 여는데 이 어찌 된 일? 몇몇 학생이 성가 연습을 하고 있을 뿐 자리가 텅텅 비었다. 아직도 미사 준비를… 그러니까… 아차차! 저녁 미사는 7시가 아니라 7시 30분이었지……. 덕분에 청아하게 울리는 성가 소리로 온몸의 열기를 식히는 휴식의 시간을 덤으로 얻었다. 그러면서 떨쳐지지 않는 허허로움도 함께했으니 하아, 하느님은 공평하시다.

지난주 무슨 요일이었던가.

외출에서 돌아와 아파트 공동 현관문을 열려는데 비밀번호가 아리송했다. 숫자판을 암만 들여다봐도 생각이 날 듯 말 듯. 진땀을 흘리며 이 숫자 저 숫자, 이리 누르고 저리 눌러도 문은 열리지 않고 틀렸다는 신호만 삑삑, 울려 댄다. 오류가 잦을수록 기억은 산산조각 나면서 늪으로 가라앉는다. 하는 수 없이 관리실에 전화를 걸어 자초지종을 고하고 읍소한 끝에 잊어버린 숫자를 살려 냈고 마침내 문이 열렸다. 엘리베이터에 올라 20층 버튼을 눌러 놓고서야 문득 생각이 난다. 비밀번호를 스마트폰 메모장에 저장해 두고 있다는 사실 말이다. 나 왜 이러지? 더위 먹었나? 엘리베이터 거울 안으로 들어간 내 얼굴과 마주 보며 어이없어 웃었다.

이번 월요일의 일이다.
○○문화회관 합창 수업에 가기 위해 일찍 서둘렀다. 전철로 한 시간 남짓 걸리는 시간 동안 읽을 책과 악보들을 가방에 챙겨 담으면서 기분은 상승 곡선을 그렸다. 고운 음률에 마음의 나래를 한껏 펼친 다음 스케줄로는 점심 약속도 해 둔 터다. 흥얼흥얼 허밍을 머금고 가벼운 스텝으로 연습실에 당도했는데 어라, 문이 잠겼네. 공연 관계로 연습실을 변경하는 일이 종종 있긴 하지만 이번엔 기별도 없었다. 사무실로 직행했다. "합창은 수요일인데예~"
여직원의 조심스러운 목소리가 왠지 아득히 들려왔다. 그래, 이건 내 정신이 아니야. 분명 아니야. 무엇에 홀린 게야. 몹쓸 무언가의 농간이야. 내 정신이라면 행여 장난으로라도 나를 이리 방치해선 안 되잖아. 사무실 문을 밀고 나오자 날씨마저 햇볕이 내리쬐다가 시꺼먼 구름이 덮이다가 빗방울이 오락가락, 갈피를 못 잡는다. 어지럽다. 아, 하느님 한 말씀만 하소서! 제가 곧 낫겠나이까?

요즘 내게서 자주 깜빡거리는 시그널은 분명 정신의 위험을 알리는 적신호다. 정신적으로 정상과 비정상의 경계는 약간 애매하고 모호하지만, 그렇더라도 어떤 기준에 의해 구분되어 존재한다. '특별한 변동이나 탈이 없이 제대로인 상태'가 '정상'의 사전적 의미라면, 내 정신은 지금 그 '영역과 경계를 무람없이 넘나듦'이라고 자가 진단을 내린다. 자신도 모르게 휘청휘청 양쪽 영역을 넘나든다는 것은 위험천만한 일 아닌가. 깊은 혼란에 사로잡혀 예기치 못한 고난이 뒤따를 수도 있겠다.

의식이 한 꺼풀쯤 동결된, 망각이라는 죄 아닌 내 죄를 더 들추어 볼까. 좀 거창하게 비약하면 지구상 유일의 분단국가에다 남북이 극단의 대치 체제인 시점에서도 그 사실조차 잊고 산다. 한편에선 핵무기 운운하는 일촉즉발의 상황에서도, 다른 쪽에선 용감하게 웃고 떠들고 마시고 노래하고 드잡이를 하는 국민의 한 사람이요, 평화를 지극히 사랑하는 선민 중 한 사람이다.

집 근처 보건소를 찾아 처음으로 치매 검사를 받아 보기로 했다. 너무 기초적인 검사여서 실망스럽긴 했으나 결과는 양호하단다. 하지만 방금 혈압 약을 먹었나, 안 먹었나, 미심쩍은 기억력과 한심한 정신계精神界를 스스로 감지한다. 세월 따라 기세를 확장해 갈 대책 없는 건망증을 나더러 어찌하라고.

그럼에도 불구하고 나의 행보는 태연히 고$_{go}$고$_{go}$다.

봄, 신작 쓰기

　색깔 고운 시간이다. 종잡을 수 없는 사람 마음처럼 애매한 날씨인 삼월에 잎보다 먼저 깨어난 꽃. 뭇 봄꽃들이 다투어 피기 전에 서둘러 봄을 점령하고 이내 물러나는 꽃. 섬진강 둔치의 홍매화가 봄 표지판인 양 반가운 여자는 꽃 보러 나선 길이다. 아직도 봄꿈을 꾸시는가.
　세상사에 끌려다닌 사람들에게 꽃은 못다 피운 꿈인 듯 조물주의 위로인 듯 딴 세상을 펼친다. 강을 끼고 접어든 광양 매화마을은 부신 꽃 누리다. 잔잔한 들녘과 언덕을 휘도는 흰 빛마저 황홀한 하루치의 무릉도원, 그 말간 언어들 사이로 막 봄을 열고 나온 홍매화가 난연한 문장을 긋는다. 내 생에도 저런 빛깔 남아 있으려나. 척박한 마음 밭에 봄 하나 접붙여 볼 생각으로 달려온 하룻길 용기에 햇살도 혼혼하게 속정을 내비친다.
　저마다의 길을 잠시 내려놓은 사람들이 봄 한잔을 흠향한다. 마음이 불콰하게 취하면 볕도 더욱 은근하다. 아옹다옹하던 삶도 뻑뻑한 혈관도 누긋해지고 베인 상처도 선해지는지 까칠하던 얼굴에

화색이 얼비친다. '나도 지금 봄' 오직 이것만으로 족하노라고 객기를 부린들 탓하지 않는다. 늦장 걸음으로 숨을 돌려도 재촉하는 이 없다.

매화는 눈 속에서 추위를 이기고 핀다 하여 설중매雪中梅라는 이름도 지녔다. 잎을 내지 않은 마른 가지로 꽃 심지를 돋우는 고졸한 자태는 필시 고독과 눈물로 단련되어진 것었을 터. 역경과 고난에도 모양을 흩뜨리지 않고 피어나는 꽃만큼 세상을 밝히는 우아한 등불은 없지 싶다. 꽃은 나무의 꿈일 게다.

삶이 일순간 환해지는 꽃 천지에, 흐드러지게 꽃을 피우고 땅으로 눕다시피 기울어진 나무둥치 하나가 간신히 봄을 받치고 있다. 무슨 파란을 겪었기에 속도 시커멓게 타 버린 쇠잔한 몸이 초롱초롱한 꽃과 극명한 대비를 이룬다. 꽃들은 제바람에 한창이고 풍진 세상을 건너온 노구의 가지엔 봄바람이 조용히 머문다. 오래 품은 세월의 처연함, 깊게 품은 만고의 찬란함이라니. 둥치 위 꽃송이들이 어느 노기老妓의 트레머리에 꽂힌 화려한 장식을 연상케 한다. 아무 소리도 할 수가 없다. 삶의 처지가 제각각이거늘 봄이라고 어찌 음영이 없겠으며, 삶의 무게가 가볍지 않을진대 춘풍화기의 봄날엔들 눈물이 없겠는가.

개개의 일생은 아무래도 가슴 저릿한 서사다. 파릇한 어린나무가 가지 많은 어미나무가 되고, 튼실하던 몸이 마른 둥치로 변하는 동안 나무를 훑고 간 혹독한 시간들이 감지된다. 그럼에도 나무의 밑

음성은 꿋꿋한 뿌리내림에 있다. 흔들고 밀어붙이는 된바람 앞에서 만만찮은 실존의 고독과 우여곡절의 아픔이 굳은 몸피를 뚫고 마침내 꽃, 저리 영롱한 길 하나 밝혔다. 속이 푹 꺼진 나무둥치가 남모를 시름 같아서인지, 봄을 실은 바람이 그 속에서 한참 맴을 돈다.

 삶의 문장은 뜻밖의 변수들로 더욱 풍성해지는 법. 파란만장한 서사에 숨은 변수가 없다면 영 허무일 테다. 쇠락한 나무둥치가 예술 작품으로 거듭나려나 보다. 카메라 두 개를 메고 든 사진작가가 이쪽에서 저쪽, 앉았다 섰다, 극적인 찰나를 포착하며 촬영 삼매경에 들었다. 같은 사물을 두고서도 보는 각도마다 달라지는 봄의 이미지와 향기와 바람과 그늘까지 담으려는 예술가의 집중을, 여자는 몇 발치쯤에서 읽는다.

 '언불진의言不盡意하므로 입상진의立象盡意하라'(말은 뜻을 다 전달할 수 없으므로 이미지를 세워 뜻을 전달하라) 했다. 사진작가는 피사체와 정서적 교감을 나눌 때 최상의 작품이 나온다. 추하지 않은 눈과 온 마음으로 대상을 향하는 묵묵함은 외려 치열함으로 닿으리라. 듣고 보고 만지고도 해독하지 못하는 세상을, 시끄럽게 허물만 부각하는 경우가 허다하다. 우연히도 사진 촬영 장면을 목격하면서 함량 미달인 스스로를 비춰 보는데, 봄은 첫 마음으로 보라는 여운을 남기며 앞장선다.

 저쪽 가지 끝 홍매화도 활짝, 봄을 출력했다. 피운다는 게 웬만한 일인가. 자신을 송두리째 바쳐 내는 걸작이다. 세상에 그보다 더 경건한 돋을새김이 없다 한들, 가슴을 통과하는 삶은 목이 멘다. 현재에 옥죄인 사람들이 봄을 앞세워 길을 나선 속마음을 눈치챘을까. 제 몸에 사무치도록 봄길 내고 싶은 날 꽃길을 소환했다면, 목이 메는 것 또한 삶의 뜨거움이라는 꽃의 전언이 아릿하다. 삶이란, 지금과 지금을 접붙여 쓰는 혼신의 '신작 쓰기' 아닐까. 아버지의 아버지, 어머니의 어머니가 그래 왔듯이.

  빛나는 새봄을 다 써 버린 여자. 건조한 시간을 받아쓰며 빗장 밖으로 꽃봄 맞으러 나온 여자. 일상을 벗어나려 달려왔건만 결국 더 세차게 끌어안기 위해 해종일 봄을 필사 중이다. 그녀의 새 작품이 궁금한 매화나무가 줄줄이 꽃등을 내걸어 준다. 땅 밑 구석구석 뿌리들조차 봄꿈으로 잠을 설치게 하는 세상의 첫 장 처음. 가뭇없이 지고도 화들짝 깨어나는 그야말로 영원한 신작. 지금 그 봄날이 어김없다.

어느 겨울과 봄 사이

신종이 나타났다

그것은 충격적이었다. 한 해의 끝자락에 중국의 한 도시에서 소문이 퍼지더니 새해 벽두부터 불안과 공포를 이끌고 도시와 국가를 차례차례 점령했다. 감염, 감염, 감염. 순식간에 죽음으로까지 몰고 가는 신종新種 바이러스의 위력에 세상이 혼란에 빠졌다. 하늘길, 바닷길이 닫히고 여행길이 막혔다. 계절이 무너지고 꽃소식, 축제, 행사, 모임이 사라졌다. 사람들은 스스로 집 안에 갇혔다.

망중투한이어라
(자발적 고립 첫 주)

와중에 자신만의 오롯한 고립이 나쁘지 않다. 아니 왠지 좋았다. 날마다 허겁지겁 바깥을 오가는 대신 종일 '집콕'하며 실내에서 조용히 설쳐 대었다. 쌓아 둔 책탑을 정리하고 묵은 물건들을 솎아 내니 더부룩하던 속도 후련했다. 햇살 반짝이는 거실에 앉아 눈앞의 시간을 한가히 즐기는 맛, 라디오방송에서 흘러나오는 시 낭송에 가슴이 녹녹해지는 맛도 괜찮았다. 뜻밖에 얻어진 망중투한忙中偸閑의 맛이 그럴싸했다.

  스스로 갇혔어도 집은 감옥이 아니라 둥지여야 하는 것. 골라 놓은 책 맛나게 읽기, 자신과 대면하여 글쓰기, 리모컨으로 채널 돌려가며 TV 프로 섭렵 후 늦게 푹 잠자기. 한껏 평화로웠다. 자발적 고립은 아무에게도 신경 쓸 일 없는 자신만의 몫, 성분이 다른 무한자유일 수 있다.

격식은 가시라
(고립 이 주째)

  그런대로 괜찮다. 무한 자유 속에서도 '산다'는 '먹는다'를 함의하는 바, 누구라서 감히 식食을 초월하랴. 헤쳐 온 세월이 무색하게도 부엌일에 어설픈 손이 오이소박이를 담고 소갈비찜도 만들어 냈다. 나도 요리가 되네. 물론 인터넷에서 건져 올린 '레시피'를 따라 했으며 마트에서 사다 둔 양념 소스를 사용하고 시간이 엄청 걸렸지만 내심 뿌듯했다. 거추장스러운 격식은 가시라. 골치 아픈 관계망과 연락도 사절이다.

  삼시 세 끼 만들고 차리고 먹고 설거지하고 그리고 또…. 근원 불명이던 에너지가 슬슬 바닥을 드러낸다. 좀 지친다. 나를 책임져야 하는 건 모름지기 나 아닌가. '집콕'의 자유를 만끽하기 위해서라도, 절해고도에서 살아남기 위해서라도, 생활의 지혜를 터득해야 한다. 나의 느려 터진 주방 일을 간소화할 방법이 절실하다. 집 앞 마트에서 평소 애용하던 몇 가지 간편 조리 식품을 사 와 냉장고에 저장했다. 약국에서 종합비타민 한 통도 챙겨 오는 것으로 방전되는 양식 충전의 걱정을 살짝 덜었다. 똑같은 상황에서도 개개의 생존 방식은 각양이다. 다만 사회 테두리 안에서 저마다 최선을 다해 살아 낸다는 게 하나의 공통점일지니.

지금 여기는 어디?
(고립 사 주째)

균형추가 덜커덕거린다. 입맛이 떨어지고 기분도 내리막길을 탄다. 전자레인지에서 덥혀 낸 양념치킨과 과일물김치와 나만의 즉석 칵테일을 외식인 양 차려 놓고 먹어도, 달달한 믹스커피를 마시고 간식으로 음악을 곁들여도, '우울'이란 놈이 식탁 위에서 스멀댄다.

잠시 칩거의 봉인을 해제하고 외부로의 길을 튼다. 모자와 마스크로 무장하고 나서 본 거리, 풍경이 달라졌다. 사람들로 북적이던 길거리엔 마스크로 복면을 한 자들이 묵묵히 오갈 뿐, 말소리 고함 소리 웃음소리가 절연된 써늘한 공기라니. 낯선 곳에 불시착한 듯

하다.

손님 없는 가게들이 하나둘 셔터를 내렸다. 동네 식당도 문을 닫았고 백화점의 문화센터도 휴강에 들어가고 시와 구의 문화회관들도 휴관한다는 소식이다. 학교도 집단감염의 위험으로 개학을 미루었고 성당의 미사도 중단되었다. 얼굴끼리 마주 보기도 곤란하며 몸이 아픈들 병원도 함부로 찾지 못한다. 흉흉한 풍문이 불안을 달고 떠다닌다. 바야흐로 죽은 도시다. 누가 이곳에서 저 홀로 몽생취사夢生醉死하길 바랐는가.

나를 진단해 볼까
(고립 육 주째)

앞은 오리무중 뒤는 좌불안석. 뉴스는 매일 늘어나는 '확진자' 수를 알리며 바깥출입을 자제해 달라고 한다. 한 개인의 부주의가 타자의 불행이 될 수 있다는 걸 지금처럼 혹독하게 느껴 본 적 있던가. 무차별적으로 확산되는 역병보다 안으로 침투한 심각한 불안으로 사람들은 집단적 우울의 늪에 빠졌다. 언제 어디서 바이러스에 감염될지 경로를 알 수 없고 치료 약도 없다는 불확실성에 마스크는 동이 났다. 마스크 두 장을 사기 위해 아침부터 길게 늘어선 줄을 상상이나 해 봤으리.

우리가 안달하던 꿈과 야망은 어떤 형태일까. 제 나름의 입신으로 호의호식하며 권위와 부와 명예를 영유하는 것? 혹 없어도 무방한 것들에 죽자고 집착한 탐욕은 아니었을까. 눈에 보이지도 않는 미물의 급습이야말로 생태계를 교란시킨 인간 욕망의 실책일진대, 결국 우리들 자신이 갇혀 버렸다.

일상의 리듬이 파괴되면 생각의 길도 잃는다. 바람 불고 파도치는 날은 조용히 닻을 내리고 낮게 밀물져야 한다 했거늘, 왜 자꾸 어깨가 흔들리는지. 겨울을 살아 낸 나무라야 봄이 얼마나 긴 사무침인가를 안다 했거늘, 왜 자꾸 무력해지는지. 다행히 내일은 날씨가 포근하고 봄비가 온다는 소식이다. 자연 앞에 고개 숙이고 엄숙히 나를 진단해 봐야 할 차례다. 생존이 더 이상 고독해지지 않기를 바라며….

— '코로나19'라는 미물이 절대적 지배력을 과시하는 중에 쓰다 —

제3부

손이 말하다

제맛

 순한 바람을 품었다. 한없이 청량하고 아삭하고 상긋하게 가슴을 순화시키는 맛. 물 기운, 숲 기운, 단 기운이 어우러져 속 시원함을 체감하게 하는 맛. 수박을 빼고 기억에 담긴 여름을 언설할 수 없다.
 짙푸른 줄무늬 껍질의 수박을 떠올리면 붉은 속살이 얼싸안은 달콤 시원한 맛에 이어 어느 날의 영상도 따라 나온다. 인생 풋내기의 엉뚱 발랄했던 비상구 찾기 한 장면이랄까.
 출구가 보이지 않는 날들이었다. 빠듯한 직장 생활과 휴일이면 요양원으로 아버지를 뵈러 가느라 콩 튀듯 팥 튀듯 하는 일상이 이어졌다. 하루는 점심시간에 벌어진 수박파티에서 빨갛게 익은 수박 조각을 들고 있던 동료가 눈짓으로 불렀다. 얼결에 나도 먹던 수박 한 조각을 든 채 그녀를 따라나섰다. 문을 열고 향한 곳은 한 번도 올라가 본 적 없는 사무실 옥상. 아래를 내려다보니 상가들이 즐비한 거리엔 여름 한낮 햇볕이 짱짱할 뿐 사람들은 드문드문 오갔다. 후덥지근한 공기만 떠돌고 있는 풍경이 마치 오래된 활동사진을 보는 듯 적막했다. 출구를 못 찾고 쳇바퀴만 도는 갑갑한 내 하루하루가 그곳에 '줌 업'되고 있었다.

　그녀가 갑자기 쥐고 있던 수박껍질을 머리 위로 들어 올렸다. 멀리 내던져 보잔다. 잠깐의 망설임이 있었던가(?). 이십 대의 멀쩡한 아가씨들은 도시의 번듯한 4층 건물 옥상에서 그 황당한 일을 저질렀다. 그대로 몸을 숨기고 앉아 한참을 웃었다. 가슴이 답답할 적엔 옥상으로 올라와 숨을 모아 소리를 지른다는 그녀식의 스트레스 해소법도 처음 들었다. 우리는 허공을 향해 손나팔을 하고 몇 마디의 핏대 올린 소리를 힘껏 쏘아 올렸다. '시원하다'는 그녀의 기분과는 달리 내 감정은 좀 애매했으나, 수박을 매개로 둘만의 비밀 하나가 그렇게 간직되었다.

　삶에서 불편한 것들을 다 내동댕이칠 순 없는 일. 실은 그날 무엇을 어디까지 내던졌는지도 아리송하지만 그 후론 다시 옥상에 올라간 기억이 없다. 불편을 떠나보내지 못할 바엔 받아들여야 된다며 스스로 세뇌하고 갈등하고 아파하고 인정해 왔다. 삶이 나아가는 길엔 절망을 비껴갈 방향도 여러모로 생각해야 하는 사실을 체득한 지금엔, 지나간 희비도 희석되면 낭만이 되는가. 훤칠한 키에 피부가 유난히 희던 그녀와, 상큼했지만 제 나름 세상 고민 다 짊어졌던 청춘의 내가 생각난다.

　수박은 그 옛날의 시간들과 가족과 이웃을 떠올리게 한다. 커다란 수박을 반으로 자르면 속살에 총총히 박힌 흑점의 씨앗인 양 오순도순 살던 어린 날도 꽂혀 온다. 냉방 장치라곤 들어 보지도 못한 시절, 찬물에 담근 수박 한 통이 온 식구가 둘러앉아 나눌 수 있는 피서가 되어 주었다. 이웃과도 그랬다. 수박은 그때마다 속 시원한 기운으로 한여름 폭염을 주춤 물러서게 했다. 그 처방마저 없는 긴 '여름 나기'를 어찌 상상할 수 있었으리. 내가 아는 한, 가장 크고 단물이 많으며 대가족의 단란함과 정을 더해 주던 과일이 수박이었다.

맛은 추억과 더불어 시대의 자취가 농축된 기억일 수도 있다. 식구가 단출해지고 '혼밥' '혼술' 문화에 친숙해지는 요즘은 맛의 경험과 감동도 축소시켜 놓았다. 마트에 가면 수박도 한 통에서 반통, 더 잘게 조각내어 포장된 것으로도 나온다. 편리하고 경제적이라 한들 아무려면 생생한 통수박을 갓 쪼개어 먹는 맛에 비하려고.

수박은 여름이라야 제철이고 제맛이다. 기진할 더위에 숲 향 그윽하고 단물 그득한 수박 속살을 와삭 베물어 으깨는 과즙 맛을 무슨 수로 마다하랴. 자연이 잘 응축되어 붉고 달고 연하게 아삭거리는 맛은 순도 높은 청량함으로 다른 인위적인 맛과 소리를 흡수해 버린다. 대지가 뽑아 올린 감미로움이 입안의 미각 돌기들을 깨우며 위장에 도달하는 찰나, 불편한 세상사와 쓸모없는 걱정도 단숨에 날려 버리는 충만함을 안겨 준다. 감동적인 음식 맛을 두고 '뇌가 먹는다'고 예찬함은 그래서일 테다.

과일 속이든 사람 속이든 인고의 시간을 담으면서 자연스레 깊어지는 법. 맹렬한 햇볕을 견디고 어둠과 비바람을 감당하는 길이 성숙을 담보하고 있다는 걸 수박이라고 모르지 않는다. 수박은 어지

간히 단물을 품고도 함부로 제 속을 열지 않는다. 톡톡, 울림소리로 숙도를 확인한 다음에 듬직한 칼이 진초록 껍질을 숨죽여 찔러 들어갈 적에 쩍, 선홍색 흥건한 작은 우주를 드러낸다. 녹과 홍. 한 번의 칼질로 이토록 선명하게도 세계를 전환하는 사물은 오직 수박뿐이라고, 김훈 소설가는 찬탄했다. 겉으론 냉정하면서 열정적인 사람처럼 냉열을 함께 지닌 것이 수박 속이라는 것을, 수박 맛에 빠진 내가 나중에 알았다.

삶이란 하루하루 쌓아 온 내공으로 익어 가는 일이겠다. 열매 또한 제철 고유의 제맛이 있기 마련이건만, 언제부터인지 계절을 건너뛴 과일들이 사시장철 등장하면서 모양과 색과 맛도 달라졌다. 육종학과 재배 기술의 발달로 당도까지 표시되어 있으니, 잘 익은 수박을 고르느라 긴장감을 안고 수박 속 반응을 노크해 보던 소박한 절차도 사라져 간다. 한데 수박 맛을 회상해 보는 나의 맛 후기는 암만해도 '수박은 여름 땡볕에서 자란 밭 수박이 참맛이었노라'이다.

겨울은 벗어났고 여름은 먼 이즈음 시절이 또 혼란스럽다. 봄인가 하면 겨울이다가 여름으로 오락가락 어지럽다. 그뿐인가. 저 도시의 질서와 무질서, 광증의 집념과 허위와 소란이 혼합된 판에서 속성으로 출하된 맛들에 사람도 중독되어 간다. 하여 덜컥 우울해진 속을 시원하게 풀어 줄 제철 수박 맛을 그려 본다.

대형 마트에 급출현한 통수박들도 무언가 고프고 그리운지 생각에 잠겨 있다.

손이 말하다

손은 그 사람의 의중을 담고 있다. 숨길 수 없는 온도로 타자와 교감하고 세상과 교류한다. 손을 잡고 놓고 오므리고 펴고 엎는다. 악수는 우호의 표시이고 박수는 환영과 응원, 찬사를 표하는 것이며 '손에 손잡고'는 마음과 힘을 합한다는 뜻이다. 세상 밖 어떤 힘이 간절할 적에는 두 손부터 모은다. 조용히 합장하고 비손하는 자세엔 신에게로 향한 혼신의 염원이 실려 있다.

호미곶 '상생의 손'은 해맞이 축전을 기리는 상징물. 모든 국민이 서로 도우며 살자는 의미를 담았다. 동해안 해돋이 명소와 '손', 생각해 보니 썩 어울린다는 느낌이다. 그런데 엄청나게 큰 청동상의 손이 하나가 아니다. 육지의 해맞이광장엔 왼손이, 바다엔 오른손이, 그리 멀지 않은 사이를 두고 마주 보며 있다. 그리움은 저 두 손의 거리 안에 있는 것인지. 인생의 골목길 같은 손금이 선명하게 드러난 손 모양에 놀라면서도 친근감이 와닿는다. 우리는 삶이라는 거친 바다를 손에 손을 잡고 나아가야 할 사람들이 아닌가. 손과 손이 맞닿으면서 삶의 용기, 감동, 풍요가 더해지는 것이 인생길인 만큼 눈앞의 손이 왠지 많은 이야기를 품고 있는 듯하다.

'손은 다른 사람의 손을 잡을 때 가장 아름다운 손이 되었다'고 〈손에 대한 묵상〉에서 정호승 시인이 말했다. 손은 감성적이다. 손을 잡고 보면 체온이 통하고 끈끈한 무엇이 흐르고 마음 문이 스르르 열린다. 힘든 세상 고독한 관계에서 단절의 아픔을 딛고 사람들과 소통하고픈 누군가의 꿈이, 통신망을 발달시켰고 우리에게 스마트폰의 세계를 열어 주었을 테다. 그렇다고 심층의 외로움까지야….

가끔은 세상살이가 자신의 뜻과는 전혀 상관없이 흘러간다. 악성 바이러스의 출몰로 난데없는 '비대면' 시대를 맞아 일상이 휑해졌다. 가급적 사람끼리 손잡지 말기를 권장받는 상황이 하룻길 여행을 부추겼다고 할까. 마스크로 무장하고 막연함과 홀가분함으로 한반도의 최동단 호미곶을 찾아왔다. 여행이 주는 설렘과 객기가 보태어졌는가, 알려진 동해안 풍광 말고도 몰랐던 역사 이야기까지 펼친다.

역사의 진실은 이따금 아프다. 하지만 되돌아보고 새겨야 한다고 바다에 불쑥 솟아 있는 손이 말하는 것 같다. 16세기 조선 명종 때 풍수지리학자인 격암 남사고는 호미곶을 지형상 호랑이 꼬리에 해당한다고 기술하면서 천하제일의 명당이라 했다. 육당 최남선은 일출 제일의 호미곶을 조선 10경의 하나로 꼽았다. 한반도를 백두산 호랑이가 앞발을 들고 포효하는 형상으로 묘사하고, 호랑이는 꼬리의 힘으로 달리며 꼬리로 무리를 지휘한다고 했으니, 일제는 이곳에 쇠말뚝을 박아 우리나라의 정기를 끊으려 하였다. 거기에다 한반도를 연약한 토끼에 비유하며 호미곶을 토끼 꼬리로 비하해 부르기도 했다. 실제로 해방 후 세대인 내가 여중에 다니던 시절의 지리 과목 시간에도, 어찌 된 영문인지 호미곶을 토끼 꼬리를 닮았다고 외운 기억이 난다. 새삼 알았지만 굴곡의 역사는 질기도록 사람 머리 한구석을 지배하기도 한다.

오늘따라 호미곶의 바다는 잔잔한 남색 평원이다. 세상을 더 많이 더 깊이 읽는 중인지 간간이 몸을 뒤척일 뿐 고요하다. 뭍에서 바다 위로 이어진 '해파랑길'로 들어서니 하늘과 바다를 가늠하기 어려운 수평선이 파도도 없이 가물거린다. 한여름 외딴곳임에도 마스크를 쓴 여행객들에게 막 생성된 청정한 바람이 호의를 베풀어 준다. 온몸으로 바람의 기운을 들이켠다. 세속의 티끌마저 씻어 보고자 깊숙한 호흡을 해 본다. 균형추가 덜커덕거리는 세상길을 잠시 벗어난 걸음들이 바람처럼 의외로 유유하다. 삶이 뜻대로 굴러가지 않더라도 세월은 흐르고 역사는 오늘도 고된 한 구비를 엮어내고 있음을 바람인들 모르리.

바다에 떠 있는 손이 기억의 매듭 하나를 푼다. 사납게 갈퀴를 세운 어마어마한 태풍이 세상을 휩쓸던 추석날 아침이었다. 퍼붓는 빗줄기에 위험 수위를 넘긴 저수지가 순식간에 범람했고 천지는 물바다였다. 동생을 업고 피난길에 나선 어머니가 넘어지면서 급물살에 휩쓸렸다. 누가 팔을 붙들고 늘어지다 놓쳐 버리는 걸 발견한 아버지는 한 손에 든 짐과 내 손을 놓고 달려가셨다. 사정없이 몰아치는 물살과 죽음으로 떠밀리는 어머니의 젖은 몸과 신기神技의 힘으로 끌어올리던 아버지의 손. 어린 나에게 그날은 천지개벽의 순간이었다. 거센 비바람을 뚫고 엄청난 공포에 맞선 아버지의 손은 내가 본 가장 위대한 손이었다.

손은 한 인생의 노트다. 오랫동안 받아 낸 세월과 살아온 자취가 오롯이 새겨진다. 삶의 힘난한 바다에서 아버지의 손은 강직하고 정직했으나 재물을 갖진 못하였다. 내 젊은 발목을 낚아채는 현실이 원망스럽던 탓에, 아버지의 손을 다정하게 먼저 잡아 본 적이 없다. 그런 맏딸을 겉으론 무표정으로 지켜보시며 홀로 삼킨 외로움이 쓰리고 아렸으리라. 이제 다시는 잡을 수 없는 아버지의 손은 돌아볼수록 한없이 외로운 손으로 남는다. 그럼에도 삶을 가꾸는 모든 손은 귀하고 아름답다.

하늘을 향해 열려 있는 저 손은 무엇을 꿈꾸는 걸까. 또 다른 손이 포개어 주기를 간절히 염원하는 건 아닐까. 사시장철 바람 파도 바닷물과 더불어 지내는 게 일상일, 조금은 서늘해 보이는 청동의 손은 무언無言이다. 갈매기 한 마리가 손가락 끝에 가볍게 앉았다가 날아간다. 새에겐 바다에 솟은 커다란 손이 지친 날개를 접을 수 있는 세상없는 쉼터인가 보다. 바다와 손과 새의 어울림이라니, 얼마나 서로 믿고 어우러져야 사람끼리도 저리 여유로울 수 있을지.

고립이라는 막막함에 하루 일탈을 감행했던 길에서 손을 보았다.

코로나19가 이끌고 온 의심과 불안의 공기에 '지나치게 혼자'이다가 여기로 달려온 건 무슨 끌림에서였나. 호미곶 지형이 엄지손가락을 치켜세운 형상으로 다가온다. 손이 말없이 가르침을 준다. 얼굴은 천연스레 가면을 쓰거나 입술은 새빨간 거짓말도 서슴없지만 손은 무언으로 소통하는 거라고. 쉼과 나아감이 조화롭게 이어져야 건강한 삶이라고…. 한 찰나는 뜻밖의 깊은 시간도 될 수 있겠다. '상생의 손'이 침묵의 질문을 던진다.

"인생은 결국 공수래공수거이거늘 어떤 손을 가졌나요?"

두 손을 맞댄 채 눈을 감으면 1분 안에 서로 전기가 통하는 손이라면 좋겠다. 움켜쥐거나 오므리기만 하는 손 말고, 밀치거나 선을 긋는 손 말고, 손가락질하는 손 말고, 잡아 주고 박수 쳐 주는 손이면 더욱더 좋겠다. 베푸는 손이면 더할 나위 없겠지. 그런 손이기를 소망하며 두 손 모은다.

어둡고 탁한 것들을 염치도 없이 바다에 부려 놓고 돌아서는데 아버지의 손이 다가와 어깨를 토닥여 준다. "따뜻한 가슴 오래 간직하여라." 울컥, 목젖이 따가워진다.

컷, 시월

단풍 주의보

    책장을 순순히 넘기지 못하고 숨을 고른다. 거실 창에 펼쳐진 하늘은 한없이 푸르고 햇살은 투명하면서 온화한데 울컥해진다. 가로수에 내려앉은 만추의 색도 찬연한 시월 끝자락, 소식 뜸했던 선배의 시조집 한 권이 배달된 날이다.
    '나에게 가을은 또 얼마나 남았을까.'
    첫 장의 〈여는 글〉에서 이 한마디에 꼼짝없이 머문다. 가슴속 용량이 꽉 차 버린 느낌. 마음의 평형기관에 물이 차면 균형을 유지하기 힘들다. 감정에 빠져들지 않으려고 단풍잎처럼 날아든 그녀의 책을 잠시 밀어 놓는다.
    어쩌다, 벌써, 가을이다. 이슬 마시고 비 맞고 서리 둘러쓰며 제각각 꿈을 키웠던 잎들이 색색으로 익어 간다. 남은 열정을 아낌없이 불태우려나 보다. 우여곡절을 겪고도 때깔 곱게 물든 잎, 천신만고 끝에 탐스러운 열매를 매단 가을 나무 앞에 서면 경탄의 소리를 감출 수 없다. 가을 태생이어선지 단풍이 꽃보다 좋은 여자이건만 이즈음엔 뜬금없이 눈시울이 더워진다. 책을 덮어 둔 채 아파트 창밖 나무들에게 무연히 눈길을 주고 있다.

'… 구, 시월 너머의 잎은 무엇이라 불러야 할까/세상일 다 겪어 봐서 무서울 것도 없는/우리 집 아내 같은 잎을 수문장이라 불러야 할까/잎들은 그러나 마지막까지 여자라서/분홍빛, 주홍빛을 온몸에 둘렀는데 …'(이우걸의 〈잎들〉 중에서)

아팠던 기억들도 이젠 그리 아프지 않을 시월의 잎들이다. 하지만 '유심히 살피면 울 준비가 되어 있는 듯 눈시울이 살짝 수상한 여인'이라는 잎들이 눈앞에 있다. 가슴이 철렁한다.

무장 해제

오늘따라 하늘은 왜 저리도 깨끗한지. 깊은 하늘빛에 가슴은 왜 또 베이는지. 세상일 숱하게 겪으며 맑음을 잃어버린 애틋함에서일까. 닥쳐올 조락의 계절을 예감한 아릿함에서일까. 에두를 수 없는 그 길에서 참았던 울음, 아니 우는 법을 잊은 슬픔을 계절 핑계로라도 펑펑 쏟아 내고 싶다. 눈물은 우리를 얼마나 무장 해제 시키는가.

며칠 전 학교 운동장을 가로질러 걷다가 수령이 꽤 됨직한 모과나무에 발길이 잡혔다. 하필 대학 캠퍼스의 시멘트 바닥 한가운데 한 평도 허락된 흙 땅, 나무는 그 땅을 터전으로 저 홀로 고군분투 종소리를 울리고 있었다. 가을이 익는다고, 가을이 곧 떠나갈 거라고. 노란 모과들의 종소리에 환하게 깨어난 시월이 부시도록 빛을 발했다. 놀라운 건, 모과나무 둥치가 온통 파이고 수피도 숭숭 구멍이 난 만신창이 몸이었던 것. 바람이 들락거리는 그런 몸으로 수액을 길어 올리고 무성한 가지마다 주렁주렁 찬란한 열매라니! 감히 범접하기 어려운 고귀함마저 엿보였다. 그렇게 물들기까지 나무의 시간은 처절하였을 게다. 세파를 헤쳐 온 연륜만큼이나 생각의 뿌리 또한 깊을 터, '세상에서 흠 없는 혼 하나'가 거기 서 있는 듯했다. 애당초 나무는 조물주가 사람에게 보낸 생의 거룩한 메신저가 아닐까.

가을 나무는 고통도 설움도 툭툭 가르고 해제시키는 뜨거운 눈물 샘 같은 존재인지도 모른다. 머잖아 풍엽조차 한 잎 두 잎 사라지고 기억만 고즈넉이 남을…….

비 갠 후 맑음

지하철역으로 가는 길이 황홀경이다. 죽 늘어선 은행나무 가로수들이 찬란한 잔치를 벌였다. 바람의 반주에 샛노란 나비 떼의 공중 군무가 일제히 허공을 자맥질한다. 머리 위로 어깨로 햇살 한 소절씩 물고 나풀나풀 내려앉는 노랑나비들로 딴 세상이 펼쳐진다. 어머, 어머나! 톤을 높인 여자의 혼잣말이 터져 나오고 감탄의 눈빛이 흘러넘친다. 오랜만에 몸의 감각세포들이 들뜨기 시작한다.

정해진 스케줄에 시간 맞춰 나온 걸음일지언정 까짓 지각 좀 하지 뭐. 어차피 사는 게 다 '평생 수업'인데 교실 안이든 밖이든 맥락은 같은 거라고 여유를 부려 본다. 순간을 붙드는 예술이 사진이라면 우선 금방 사라질지 모를 이 풍경부터 한 컷 찰칵. 대책 없이 들뜬 여자의 마음이 저쪽에서도 읽혔나 보다. 마주 걸어오던 한 여자가 뜻밖의 화답을 보내온다. "영화 장면 같죠? 사진 한 장만 부탁해도 될까요?" 찰칵. "저도 찍어 드릴게요." 찰칵. "여기가 예뻐요." 찰칵찰칵. "우리, 주책인가요?" "더 나이 들면 이러고 싶어도 못 할걸요." 컷, 컷, 컷. 생면부지 가을 여자 둘이서 노랗게 웃으며 서로 사진을 찍어 주고 가던 길을 재촉한다. 예정된 시간에서 15분 지각이야 어쩔 수 없지만 기분은 '비 갠 후 맑음'.

선배에게 스마트폰 문자를 보냈다. 우리는 아직 더 길을 가야 한다고. 더 많이 웃고 더 많이 울고 더 많이 놀라워해야 한다고. 그리고 사랑해야 한다고. 한 자 한 자 꼭꼭 눌러 담아 보내 줬다. 조금쯤은 사치인 양 달고 다녔을 고독이 더 이상 겉치레일 수 없는 우리의 가을, 모쪼록 용감한 꿈 꾸며 피어나시게.

그럴듯하다

보듬듯 담고 있는 것들이 참 많다. 스마트폰, 화장품 주머니, 칫솔, 손수건, 책 한 권은 필수이고 선글라스나 양산도 곧잘 보태어진다. 어떤 날은 무용 연습복과 부채와 명주 수건까지 포개어지고 어느 땐 악보며 음악책이 번갈아 담기기도 한다. 토트백의 일종인 나는 손가방치곤 꽤 큰 편으로 맵시보다는 아무래도 실용성이 장점이다.

평소 큼지막한 손가방을 선호하는 주인은 작은 핸드백을 갖고 외출하는 일이 드물다. 그러니 치수 넉넉하고 수더분한 내가 웬만한 나들이엔 적격일 수밖에. 나는 자주 포화 상태인데 중요한 건 내 안 깊숙이 주인의 신분증과 카드는 물론 작은 돈지갑도 품었다는 사실이다. 고 쪼그만 지갑이 덩치가 몇 배나 큰 나보다 엄청 값나가는 브랜드라니 나로선 어이없다.

그렇다고 내 태생이 그런 걸, 특별히 불만은 갖지 않는다. 백화점의 조명 아래 보기 좋게 진열된 샤넬, 루이비통, 셀린느, 구찌, 프라다, 버버리, 디올 등등 이름 짜한 것들의 기氣 싸움도 관심 밖이다. 삶이란 '이름씨'보다는 '움직씨'와 더 밀접하다고 여긴다. 값비싼 명품이라며 아무 곳이나 데리고 다닐 수 없어 집안에 모셔져 있다면 무슨 살맛이냐고. 산다는 일은 움직이는 것이다. 움직임이 멈춘 몸은 살아도 생명이 아닐지니, 주인과 날마다 동행하는 세상길 나들이가 그래서 신명 난다.

넓고 찬란한 세상이지만 좋은 사람들만 사는 곳은 아니다. 엉뚱하고 고약한 사람들도 많으며 끔찍한 일도 일어나는 번잡한 삶터다. 손가방도 난데없는 수난을 겪는 경우가 더러 있다. 주인의 말에 의하면, 예전엔 바쁜 출퇴근 시간에 버스에서나 길거리에서 소매치기라는 '나쁜 손'들의 침범을 자주 받았단다. 어처구니없는 건, 종종 가방의 지퍼가 열린 걸 발견해도 본인의 건망증 탓이라 여겼다니 아둔한 사람인지 순진한 사람인지. 어느 날 마침내 예리한 칼날에 손가방이 죽 찢기고서야 알아차렸다는데 와중에도 돈지갑을 잃지 않은 게 다행이었다고. 상상만 해도 오소소 소름이 돋는다.

주인은 그날 지갑을 지켜 준 일등 공신이 커다란 가방 안을 채웠던 물건들이라고 한다. 초를 다투는 시간에 날쌔고 예리하게 가방을 찢긴 했어도, 정작 소매치기가 스리슬쩍 하려던 돈지갑 탐색전은 좌절됐다는 얘기다. 신용카드도 없던 시절이고 월급쟁이 지갑 사정이야 빈약하기 그지없었을 텐데, 그런 가방 안을 기웃거리던 '나쁜 손'들의 사정은 또 오죽했으리. 나라 전체가 궁핍에서 벗어나려고 아등바등하던 시기였으며 모두 살아 보겠다고 발버둥 치던 날들이었다.

강산이 다섯 번쯤 바뀐 지금엔 아뿔싸, 딴 세상이 펼쳐졌다. 어른도 아이도 휴대전화기를 가졌는가 하면 '나쁜 손'들의 수법도 엄청 지능적인 버전으로 업그레이드됐다. '보이스 피싱'이라는 교묘한 방법으로 사람을 꼬드겨 앉은 자리에서 남의 통장에 든 돈도 갈취한다. 신출귀몰한 사건들이 비일비재하고 하루하루가 변화무쌍하다. 경험이 풍부한 노인도 내비게이션을 쓰는 청년보다 길을 더 잘 알 수는 없으며, 매 순간 나 자신으로 존재하기조차 위태위태한 세상이라고 할까.

이젠 백발이 성성해진 우리 주인도 노인층에 포함되기에 충분하다. 얼핏 보면 소녀적인 분위기도 조금쯤 갖고 있건만, 동동거리던 시간과 출퇴근하던 일 모두가 세월 저편으로 멀어져 갔다. 가끔 지나간 날들을 혼자 되감고 풀며 회상에 젖는 모습을 훔쳐볼라치면 마음이 아릿해진다. 하지만 외출 길엔 여전히 실용성을 앞세운 커다란 손가방을 걸치고 자기 주도적인 소비 취향을 즐긴다.

주인은 예나 지금이나 허황된 이름엔 무관심인 듯 손가방도 태생을 따져 차별하는 일은 거의 없다. 디자인과 색깔이 외출복과 어울릴 정도면 구색을 갖추었다고 치는 게 그녀의 패션 취향이다. 거기에 재질까지 마음에 든다면 금상첨화이니 내가 때아니게 호사를 누린다. 이 광활한 세상에서 자신을 알아주는 사람과의 만남은 생애 최고의 행운일 테다. 대도시에선 과시형 명품 소비를 일삼는 여자들도 흔한 판에, 전형적인 도시 여자이면서 소탈한 주인에게 신뢰가 간다.

살다 보면 별별 사람들과 만나야 하지 않는가. 관계의 갈등으로 가슴 에는 때가 오죽 잦은가. 고집스럽고 오만하고 뻔뻔스럽고 편협하고 배은망덕하고 잘난 척하는 사람과, 정의롭고 신의 있고 온화하고 겸손하고 친절하고 예의 바른 사람 중 어디에 포함되는지, 누구라도 늘 자신을 깨우쳐야 하리라.

날마다 담는 것들이 많아 벅차지 않느냐고? 천만에. 지금이 내겐 호시절이다. 서로 복닥복닥 부딪치고 끌어안으며 살아 봐야 할 일생인데, 쓰임새가 한창인 이 순간이야말로 삶의 클라이맥스다. 더구나 당당하고 멋진 우리 주인의 지기로 여기까지 온 내가 그럴듯하다.

지켜보며 믿음이 생기고 믿음으로써 보이는 것도 있다. 알고 보면 눈물 많고 뼛속 바람구멍 숭숭한 주인에게 깊은 애정과 신뢰를 보내는 나, 손가방 주제에 물색없는 오지랖이라면 널리 용서를….

인간 세트

환경미화원과 시인

날마다 새벽 거리를 청소하듯 하루하루 시를 적는 환경미화원이 있다. 흐드러지게 핀 꽃은 뭇사람들에게 볼거리지만 떨어진 꽃잎을 치우는 일은 그의 몫인 것처럼.

"남들은 더럽다고 싫어하는 일일지 몰라도 저에겐 너무나 귀한 일이에요."

25년 차 환경미화원인 그는 도로의 쓰레기를 쓸고 행복을 일구며 쓴 시로 6권의 시집을 펴냈다. ○○시 환경업체 청소부로 일하면서 꾸준히 시를 쓰기 시작해 이미 오래전 시인으로 정식 데뷔한 터다. 청소 일을 하며 맞닥뜨린 풍경들과 떠오른 생각들은 모두 그의 메모장에 기록된다. 그렇게 모인 글감들은 늦은 밤 습작 노트로 옮겨지고, 짬짬이 디지털 형태로 컴퓨터 속에 저장된다. 회사에 들어가면 3평 남짓의 휴식 공간에서 시를 가르치기도 하는 그는 열정적인 일상으로 행복을 엮어 낸다.

"세상에 할 수 있는 일들은 많고 행복을 찾는 방법도 다양합니다."
그렇다고 세상일이 마냥 호락호락하던가. 초등학교 때 경북 안동에서 형을 따라 부산으로 오면서 시작된 그의 객지 생활은 시련의 길이었다. 여름철 신었던 흰 운동화에 먹물을 들여 겨울에도 신고 다녔을 정도로 춥고 어려웠다. 영양실조에 몸이 쇠약해지고 결핵으로 7년간 투병 생활을 하는 동안 친구들과 뛰놀며 즐겁게 어울려야 할 어린 시절이 훌쩍 지나갔다. 고등학교 졸업 후엔 농사, 택시 운전 등 업으로 했던 일에 연거푸 고배를 마셨다. 쓰디쓴 좌절의 순간에도 그가 놓지 않았던 건 일기 형식의 글쓰기와 시를 쓰는 일이었다. 시를 쓰면서 마음을 달랬고 다시 일자리를 잡았으며 끝내 위기를 극복해 냈다.

환경미화원과 시인이라는 인간 세트가 조금 색다르게 비쳤을까. 그는 KNN 〈굿모닝 투데이〉 외에도 KBS1TV 〈행복해지는 법〉과 KBS ○○방송총국 〈시사@경남, 시인이 된 청소부〉 등에 출연한 경력을 갖고 있다. 지금은 어느 소도시 문인협회 부회장으로, 음식 쓰레기를 수거하는 환경미화원으로, 끊임없이 하루의 창을 열고 닫는다.

사람은 영혼이 고플 적에 예술을 접하는지도 모른다. 예술은 인생에게 그 나름의 휴식을 선사하므로. 글쓰기는 영혼을 살찌게 하는 예술 활동일진대 스스로 하는 위로이고 치유이며 정체성이고 해답이며 때로는 구원이기도 할 테다. 시를 쓰면서부터 행복하고 시가 자신의 인생이라는 자칭 낭만 시인, 그는 시를 읽고 쓰면서 마음 안에 혼탁한 공기를 몰아내고 맑은 기를 불어넣는다. '할 수 있어'가 아니라 '하고 있어'서 행복한 그의 땀 맺힌 얼굴이 유난히 빛난다.

우산 속 두 사람

한 우산 아래 어깨를 맞댄 두 사람이 걸어간다. 오전 내내 맑았던 하늘에서 갑자기 거센 빗줄기가 주룩주룩 내리꽂히는 여름날 오후다. 포착된 된 두 사람은? 다정한 연인끼리가 아니다. 리어카에 폐지를 싣고 가는 할머니와 커다란 쇼핑 가방을 어깨에 걸친 채 우산을 받쳐 주는 젊은 여자의 뒷모습이 클로즈업된다. 사정없는 비에 두 사람의 한쪽 어깨는 이미 다 젖었다. 지난한 생을 말해 주듯 구부정한 자세로 리어카를 잡고 걷는 할머니 곁에서 우산을 펼쳐 든 여자. 그녀의 긴 파마머리와 쇼핑 가방은 물론 얇은 옷도 빗물에 젖어 몸에 감긴다. 저 걸음엔 분명, 목적지까지 얼마나 남은 건지쯤은 안중에 없을 게다. 비가 세차든 말든 묵묵히 할머니와 보조를 맞추는 그녀는 들녘의 함초롬한 풀꽃을 닮았다 할까. 비 사이로 자동차가 내달리고 인파가 몰려가고 오는 거리에서 마치 한 컷의 슬로우 모션slow-motion 같은 장면이 뭉클, 닿는다.

사람이 사는 세상은 당신이 있기에 내가 있고, 내가 있기에 당신도 있다. 날마다 쏟아져 나오는 뉴스들이 대체로 듣기에 불편한 사건이거나 삭막한 이야기들인 이즈음, 한 여자의 진심이 잔잔하게 묻어나는 풍경이 찡하다. 아마 쇼핑을 나왔던 여자가 빗속에서 리어카를, 아니 버거운 삶을 끌고 가는 등 굽은 할머니를 무심히 지나칠 수 없었나 보다. 그렇게 나란히 걷는 두 사람의 모습이 심경에 꽂혔던 또 다른 누군가는 인터넷에 영상을 올렸을 테고. 마침내 TV 화면으로 비춰졌던 것.

바야흐로 촉촉한 도시를 읽는다. 비가 와서가 아니라 가슴 따뜻한 이들 덕분에 사람과 사람이 배려하며 함께 걷는 도시를, 상념에 젖어 읽는다. 마음 안에 선방 하나 지어 놓아야겠다. 누구든 선과 아름다움에 다가서려고 노력하면서 자신의 시간을 살아 내야만 하는 길, 몰아치던 빗줄기가 어느새 자늑자늑해지고 있다.

약속

까맣게 잊었다가도 불현듯 떠오르는 얼굴이 있다. 사라지는 저쪽과 잊어 가는 이쪽의 경계선 어디쯤에서 남은 길을 가늠하다 문득 기억해 낸 한 문장처럼. 햇살 화사한 날에 초록빛 찬란한 나뭇잎을 바라보다 왠지 눈물 나게 그리운 한 시절처럼. 새삼스레 부르고픈 이름도 있다.

낯선 번호를 확인하다가 옛 문우의 이름을 찾아낸다. 우연히도 여류 문인 두 사람이 십여 년 만에 스마트폰으로 메시지를 보내왔다. 한때 글공부를 함께 했거나 문학 단체에서 더불어 활동하다 소식이 끊겼던, 내 수첩에서도 오래전에 지워진 이름들이 아닌가. 괜스레 먹먹하던 12월이 가고 새해 1월도 어영부영 중순을 넘어가는 시점에서다. 인간의 뼛속 외로움이 더욱 아려와서인지 비슷한 연배의 두 사람이 그리 멀지 않은 타 도시에서, 그리고 내가 사는 이 도시에서, 거의 동시에 안부를 물어 온 게다. 마치 보이지 않던 길이 언덕에 올랐을 때 불시에 눈앞에 다시 생겨나듯이.

외출에서 돌아와 잠시 눈을 붙였는데 깨어 보니 3시간을 자고 난

후였다. 저녁 8시, 감기 기운을 다독일까 하여 계속 켜 놓은 보일러는 실내 온도를 27도까지 올려놓았다. 열어 본 스마트폰에는 단체 카톡방 댓글들이 와글와글하고 읽지 못한 메시지들과 받지 못한 전화의 흔적이 시무룩하다.

"○○문학지에 실린 글을 봤다."
"앨범을 정리하는데 어느 꽃 정원에서 다정하게 찍은 사진이 있더라."

 희한하게도 두 문우의 메시지 내용 또한 비슷하다. 세월이 가니 오래된 사람이 그립다는 속뜻이 담겼다. 앨범에서 찾아냈다며 지금보다 훨씬 젊은 사진도 폰에 첨부해 왔다. 쌓아 둔 책 정리나 앨범 정리에 부지런을 떨지 못하는 나로서는 얼떨결에 받아 든 옛 사진을 들여다보며 지나간 한 장면을 회상한다. 아, 그땐 이랬지. 이런 적도 있었네. 이제는 아득하고 고요한 기운을 머금고 있을 뿐, 세상 어떤 강자가 세월을 당해 낼 수 있겠냐고. 시간의 뒤편이 짠하게 닿는다.

 치열하게 살아도 때론 엄청난 공허가 뒤따르는 것이 인생 현역들의 숙명이다. 정점을 찍었던 색깔들이 퇴색하고 반짝거리며 들떴던 생의 물기마저 급속히 빠져나가는 시간 속에 잠겨 있다. 마른 잎은 바람이 슬쩍 건드리기만 해도 순식간에 구도가 흔들리는 터. 외로워서건 그리워서건 깜짝 반가운 두 친구들의 소식에 회답을 보냈더니 곧바로 답신이 날아들었다. 통화가 이어지고 나는 각각 똑같은 약속을 했다.

"밥 한번 먹자."

그런데? 이상하게도 반가워 허둥거렸던 마음과는 달리 날짜가 조금 애매한 예약을 하고 있었다. 강산도 변한 세월을 건너온 나이다. 변모한 서로의 겉모습을 아무렇지 않게 선뜻 마주할 자신이 없었나 보다. 하지만 정말 이상한 건 약속의 말을 하고 난 순간부터다. 아직도 잠재우지 못한 허기 같은 바람이 가슴 한쪽에서 술렁술렁 일어나 어딘가로 다시금 흐르기 시작하다니….

새로운 만남, 그것은 미묘한 기분을 생성시키기에 충분하다. 우여곡절이 허다할지언정 인생을 보다 풍요롭게 만드는 것은 '만남'에서 비롯한다. 인생이 아름다운 것도 만남이 있어서다. 덤덤하던 가슴이 두근거리고 기대와 흥분이 재생된다. 지리멸렬하려는 일상에 의욕을 안겨 주는 신묘한 마력을 뿜어낸다.

어느 방송의 〈속풀이쇼 동치미〉라는 프로그램에서 한 출연자의 일화가 흥미로웠다. 출연자들 중 얼굴이 꽤 알려진 남자 의사의 이야기에 폭소를 터뜨렸다. 방송을 타며 유명해진 그가 여자 연예인과 만날 약속을 한 날이었다고 한다. 물론 일을 위한 만남이었지만 마음은 솔직히 설렜다고 털어놓는다. 샤워를 하고 막 외출하려는 등 뒤에서 아내의 한마디가 날아들었다.

"기분 좋은 약속인가 봐?"

"……."

"샤워하면서 콧노래를 불렀어."

가슴이 뜨끔하더란다. 기분 좋은 건 사실이었으므로. 덧붙여 남자는 예쁘고 친절한 여자를 좋아하는 게 아니라, 새로운 여자를 좋아한다는 농담 겸 진담에 모두들 박장대소했다. 맥락이야 좀 다른 이야기지만 약간은 수긍이 간다. 힘든 삶의 노정에서 설렘을 동반한 만남에는 긴 겨울을 걷어 내며 사뿐 다가오는 봄의 기척이 들어 있으니까. 그게 새로운 사람과의 상면이든 헤어진 사람과의 해후이든 뜻깊은 장소나 사물과의 조우이든, 만남을 앞둔 마음은 보다 높은 에너지로 달뜬다.

의외로 오늘 따뜻한 길 하나가 생겼다. 언덕 너머로 천천히 걸어갈 발소리들이 은근히 기다려진다. 인생이라는 길 위에 있는 한 우리는 길을 가야 한다. '웃을 수 있고 슬퍼할 수 있고 놀라워할 수 있도록.' 그러니 내 오랜 동무들이여, 부디 기운 잃지 말고 삶이 냉랭하게 얼어붙지 않기를….

먼 곳에서 달려온 길들이 숨을 고르는 도시의 겨울밤. 베란다 창밖 어둠을 읽다가 건너편 동 옆의 가로등을 발견한다. 그쪽 아파트의 창에서도 군데군데 불빛이 새어 나온다. 하늘로 솟은 높이와 그만큼의 무게를 건사하느라 몸통에 철심을 박은 아파트는 아마 한 번도 온전히 어둠에 잠겨 본 적이 없을 테다. 꼭대기엔 피뢰침을 꽂고 잠들지 못하는 아파트와 이 밤에 홀로 깨어 뒤척일 사람을 생각하며 뜻밖의 동류의식을 느낀다. 닮은 그림자가 있다는 그 자체가 분명 위로가 된다. 이쪽과 저쪽, 여기와 저기, 부르지 않더라도 서로를 감지할 수 있지 않으리.

새벽 3시, 불을 밝힌 가로등도 추위와 외로움을 잘 견뎌 내고 있다.

사람 풍경

여성복 매장에 신상품이 줄줄이 걸렸다. 하늘하늘한 원피스, 치마, 블라우스가 색색의 표정으로 눈길을 잡는다. 디자인과 색깔을 꼼꼼히 살펴보는 사람, 골라 든 옷을 거울 앞에서 체형과 견주어 보는 사람들로 매장 안은 조용하면서도 사뭇 부산하다. 와중에 얼핏 뜻 모를 소리가 들린다.

"아~ 감사합니다. 하이고~ 감사합니다."

여자1이 돌아본다. 한데 어머나. 작은 손가방을 가슴에 꼭 끌어 안은 여자2가 중얼거리는 혼잣소리였다. 아마 손가방을 행거에 걸어 두고 옷을 입어 본 후 그냥 나갔던 모양이다. 혼비백산하여 돌아와 가방을 되찾은 정황임이 추측된다. 얼마만큼 마음 졸였을지, 가방이 그 자리에 고스란히 있어 준 사실이 얼마나 벅차고 고마울지 헤아려진다. 누군가에게 절이라도 하고픈 심정이리라. 아무도 눈치채지 못한 장면을 우연히 목격한 여자1의 눈앞에 가뭇한 시간 저쪽, 또 하나의 영상이 떠오르고 있다.

푸름만으로도 찬란할 이십 대 초반의 일이다. 초등학생이던 막냇

동생의 체육복을 사러 학교에서 지정한 곳으로 갔다. 여러 어머니들과 섞여 동생에게 맞춤한 치수의 체육복을 골라 들고 계산을 하려다가 깜짝 놀랐다. 분명 있어야 할 지갑이 없었다. 하늘이 노래진 것도 잠시, 사람과 옷 꾸러미들로 혼잡한 매장 안을 눈 아프게 살펴 나가는데 아, 다행히도 수많은 발들 사이에서 바닥에 납작 엎드린 지갑이 보였다. 그때의 조마조마하고 팔딱거리던 새가슴에 안도의 한숨이 터지던 순간은 여자1에게 영 잊히지 않는다. 자신이 끌어안아야 할 가족이 있다는 생각으로 밤을 지새우곤 했던 사회 초년생 시절이었다.

그날 체육복 가게의 시멘트 바닥은 알았을 게다. 여릿여릿하게 생긴 아가씨가 찬연할 꿈보다는 시급한 일터를 우선으로 택한 사실을. 날마다 만원 버스에 올라 몸살을 앓으며 쳇바퀴 돌듯 출퇴근하던 일상을. 얄팍한 월급봉투에서 떼어 넣어 간 지갑 속 지폐 몇 장을…. 혹 그래서 놓쳐 버린 돈지갑을 그녀의 눈에만 띄게 하였었나. 막막한 내일과 버거운 오늘이 연이어 삶을 압도하는 길에서 '긍정' 마인드를 훈련했던 아린 청춘에게, 세상 밖 어느 분의 배려였는지도 모른다.

그래서일까. 여자 1의 심경에 가방을 품에 안은 여자2의 마음이 뭉클 포개어진다. 더구나 감격하여 두 눈을 반쯤 감은 채 기도인 양 웅얼대던 진심 어린 얼굴은 순수하기까지 했으니.

둘러보면 참 좋은 사람들이 많다. 선하고 따스한 심성을 가진 사람들로 하여 세상이 그나마 훈훈하다. 바로 얼마 전 '돈쭐'이라는 신조어가 흔쾌한 웃음을 터뜨리게 한 것도 그렇다. 이 무슨 말인가. 돈쭐은 '돈'과 '혼쭐'을 결합하여 만든 신세대들의 말로, 모범이 될 만한 가게나 기업의 제품을 주인이 정신 못 차릴 만큼 많이 팔아 주자는 뜻이다. 기발하면서도 유쾌한 혼쭐내기, 의도를 알게 되면서 삶을 기껍고 활기차게 받아들이는 이들의 생동감이 느껴진다.

피자가게 사장인 남자1이 소개되었다. 어려운 생계 탓에 딸의 생일날 외상으로 피자를 주문한 고객을 결코 외면하지 않았던 30대 사장이다. 피자와 케이크가 먹고 싶다는 7살 된 딸을 위해 외상 주문을 감행한 고객에게 그는 '결제 완료' 처리를 했으며 "따님이 또 피자 먹고 싶다고 하면 연락 주세요."라는 메모와 함께 피자를 보냈다. 한 언론사에서 전한 뉴스였는데, 이 소식을 들은 또 다른 고객은 다시 이런 일이 생기면 써 달라며 10만 원을 피자가게에 지불하였고, 젊은 사장님의 선행에 감동한 사람들이 그 피자가게로 앞다퉈 주문을 했다. 피자 한 판은 얼어붙은 우리의 마음에 '더불어 살다'의 의미를 조용히 일깨워 주었다.

빵식이 아저씨라는 남자2의 사연도 알려졌다. 월세로 조그만 빵집을 운영하는 그는 등굣길 아이들에게 매일 빵을 나눠 준다. 어린 시절 못 먹고 살았던 때를 기억하여 행하는 일이란다. 1년 6개월째. 그러자 사람들이 그의 빵집에 와서 익명으로 100만 원 봉투를 툭 던져 놓고도 가고, 가격보다 훨씬 많은 돈을 결제하기도 했다.

착한 척도, 큰소리도, 별 단어도 하지 않는 선행들이 온기를 전파하는 사람 동네 사람 풍경이 어떤 명화보다 찡하다.

곤고함 가운데도 꽃은 핀다. 삶은 으슬으슬한 추위와 불안감을 업고 있지만, 울먹울먹한 일상에 한 아름의 감동을 안겨 주는 사람들이야말로 세상의 꽃일 테다. 꽃을 피운다는 건 아직 가슴이 뜨겁다는 것. 한 줄기 얇은 햇살을 잡고서도 피어나는 그 순정한 힘이 세상을 희망으로 나아가게 하지 않을까. 호시절보다는 힘든 난難 시절에 어떻게 행동하느냐를 보면 그 사람의 삶이 나타나는 듯하다.

여자1이 묻는다. 자주 동동거리다 시름시름하는 자신에게 무엇이 바쁘고 무엇이 서러운가? 하고. 사람 제각각의 품격을 봐도, 어떤 입지나 소유한 무엇보다는 마음의 크기와 도덕적 품성에 더욱 가깝지 싶다. 절제와 포용, 자기 발전과 성장, 타인에 대한 배려 등. 집착하지도 조급하지도 말고 매일을 새롭게, 정성을 다하는 삶이라면 어떠리. 게으르지 않고 열심히, 세상에 태어난 책무를 이행하는 걸음에 굳이 내세울 이름이 없으면 또 어때. "이만큼 살아서 마주할 산이 저기 늘 앉아 있고/슬플 때 볼 바다가 있으며/밤하늘엔 별이 있다."라던 시인의 소리를 떠올린다. 앞으로 남겨질 시간들을 곰곰 생각해 본다. 한발 뒤로 물러서고서야 보이는 것들이 더 많다는 건 만고의 진리다.

한참을 서성이던 옷 매장에서 마침내 블라우스 하나가 여자1의 눈에 들어온다. 아무런 장식 없이도 왠지 우아한 검정색에 체크무늬 칼라만 얌전히 달렸을 뿐인데 그녀가 단박 꽂히고 말았다는….

벚꽃, 그리고 전쟁과 평화

　분식집 한쪽에 앳된 얼굴의 수녀님이 앉았다. 아마도 갓 여고를 졸업했음 직하다. 그녀와 테이블을 마주한 중년의 아주머니는 튀김 종류가 담긴 접시를 수녀님 쪽으로 들이민다. 어서 먹으라고, 많이 먹으라고 하는 것 같다. 그 나이 또래들이 한창 즐길 음식이다. 가만히 보니 아주머니는 수녀님이 먹는 모습만 바라보며 자신은 한 젓가락도 입에 대지 않는다.
　얼굴이 닮았다. 체격이 튼실한 수녀님에 비해 바싹 마른 아주머니는 입고 있는 세월이 다를 뿐이다. 어린 수녀님은 튀김 접시에 코를 박은 채 한쪽 볼이 팽팽하도록 맛나게 먹고, 아주머니는 안경 속으로 자꾸 눈물을 훔친다.
　벚꽃 비를 맞으며 온천천을 걷다가 들른 어느 분식집 안 풍경이다. 점심도 저녁때도 아닌 어중간한 시간에 손님은 단 세 사람. 건너편 자리에서 꼬마김밥 일 인분을 시켜 놓고 앉은 여자는 괜스레 가슴이 울컥한다. 이제 막 피어날 꽃봉오리인 소녀는 왜 하필 수녀가 되기로 했을까. 세상의 휘황하고 찬란한 것들을 검정색 수녀 옷으로 가린들 견며 내야 할 것이 얼마나 더 많을까. 화사한 꽃봄에 꽃 같은 소녀의 수녀복과 아주머니의 눈물 때문인지 흩날리는 벚꽃이 애잔하게 닿는다.

봄이 심란하다. 빛나는 새봄이건만 어둡고 우울한 소문이 일파만파로 번지고 있다. 인기, 돈, 권력, 쾌락에 도취되어 일으킨 마약, 탈세, 도박, 성폭력, 경찰 유착 비리에다 동영상 불법 촬영과 유포 등, 사회를 충격에 빠트려 놓는다. 놀랄 일이 허다하지만 가장 푸르러야 할 청년들이 벼랑 끝으로 향하는 길에 가담했다니 이들의 앞날은 어찌 될지. 문제의 답과 속 시원한 해결책을 누가 내놓을 수 있을지.

지구촌 어디에서 총구를 들이대며 터뜨리는 싸움만 전쟁이던가. 지금은 태어나고 사는 일, 오죽하면 사는 일이 전쟁이라고들 한다. 그러면서도 사람은 가슴 깊숙이 꽃잎 하나씩은 묻어 두고 산다. 꽃 피는 계절이면 꽃잎 닮은 사람들이 마음 앞세워 길을 나서는 이유다. 청빈 정결 순종을 서약한 누군가는 수도자의 길로 향하고, 풀꽃 같던 시절을 떠올리는 사람들의 눈엔 맑은 눈물이 맺힌다. 곱고 선하고 여리고 순함은, 이기심과 탐욕으로 흐려진 밑바닥에 가라앉아 있을 사람의 본성이기도 하겠다.

꽃빛이 아쉬운 향춘객들이 온천천의 난분분하는 낙화 속에 있다. 황홀하게 피어나 몽환적으로 지는 것에 벚꽃만 한 것도 없으리라. 이맘때면 세상사 접어 두고 잠시 잠깐 풀숲에라도 앉아 풀꽃이었으면 싶다. 꽃은 여리고 고우며 평화이니까.

산다는 건 전쟁과 평화의 연속이다. 긴 전쟁, 짧은 평화인가. 시시각각 소용돌이친다. 치열한 경쟁과 울끈불끈 주고받은 상처들로 심신이 화끈거린다. 소통의 부재는 가혹하도록 외롭고, 이질적인 여럿 안에서 보편성을 찾아 타협과 화합에 이르기까지는 가시밭길이다. 꼿꼿한 개별성이 부딪치고 깨어지는 통증은 위로받을 곳마저 없으니 몸인들 무사하랴. 그렇다고 또 갈등과 생채기도 없다면 살았다고 하겠는가. 봄은, 살기 위해 발버둥 쳤던 생명체들이 살아 있음을 확인하는 순간일 게다.

가톨릭 미사에 '평화 예식'이라는 것이 있다. 미사 중에 "평화를 빕니다."라고 서로 인사를 나누는 시간이다. 산다는 전쟁판에서 마음과 몸의 평온함이란 모두의 희원인 터다. 자신의 평안으로 타인도 위할 수 있기를 소망하지만 여전히 '긴 전쟁 짧은 평화'로 하루를 접었다 편다. 이런 처지에 세계평화를 위한 기도까지야 언감생심, 다만 겸허한 목숨이 옷깃을 여미고 간절히 무릎 꿇는다. 사는 일이 전쟁이어도 삶은 감동적이어야 한다고.

벚꽃 구경 끝머리에 우연히 길가 분식집에 앉은 여자가 혼자 읊조린다. 사방이 꽃 천지인 날에 수녀의 길을 선택한 어느 소녀의 경건한 시간을 위하여, 그런 수녀님 앞에서 눈물을 훔치는 한 아주머니의 애달픔을 위하여, 여기 부실하기가 짝이 없는 또 한 여자를 위하여. 그리고 흩어져 가는 벚꽃들을 위하여 두 손 모은다.

"평화를 빕니다."

기도는 마지막 한 방울까지 성실한 눈물이 되는 일이라 했다.

제4부

노을빛 그녀

페트 물

　미동도 없이 머물러 있다. 어떤 모양이 될까, 무슨 색깔이 될까, 갈등하진 않는다. 사람의 입맛에 맞추려 특별한 맛이나 향을 가져 본 적도 없다. 맹물 주제에 '생수'라는 이름으로 도시의 대형 마트에 떡하니 진출한 지금이야말로 내 영예의 절정이 아닌가.
　담백한 물이 다양한 상표까지 달았다. 삼다수, 백산수, 아리수, 아이시스, 평창수 등등. 브랜드마다 상표를 내걸고 판매에 열을 올리는 상술 덕분에 우리는 합리적인 상품으로 거듭났다. 달짝지근하고 톡 쏘는 탄산음료도 아니며 짜릿하게 취하는 술도 아닌 우리에게 사람들의 관심이 쏠린 탓이다.
　맹물이 무한 자원인 줄 알았다가 양과 질이 한정되어 있는 유한 자원이라는 사실에 너도나도 맑은 물을 찾는다. 성스러운 땅과 접촉하며 흐르던 물이 인간과의 자연스러운 연결성을 상실하고 마트의 진열대에 오게 될 줄 짐작이나 했으리. 난데없는 이름표를 달고 마치 입학식에 온 초등생들처럼 줄지어 있으려니 불편하고 어색하기 짝이 없다.

마트라는 곳은 참 별세계다. 누구든 카드 한 장이면 보무도 당당한 고객이 된다. 손톱만 한 전자 칩으로 가치가 파악되며, 필요에 부응하는 상품들이 눈맛 나게 차려졌다. 넓고 쾌적한 실내에서 갖은 물건들을 선보이는 친절을 베풀면서 호시탐탐 고객의 지갑만을 겨냥한다. 구매욕을 팽팽히 부풀리는 유혹의 바람에 물색없이 펄럭인다면 충동구매의 위험에 빠지기 십상이다. 얼추 속이 내비치는 상술인데도 사람들은 미끼를 문 물고기인 양 곧잘 낚여 든다. 요모조모 시시비비 따지기를 좋아하는 인간들이 무장해제되는 순간을 볼라치면 요지경이 따로 없다.

 대저 사물이든 사람이든 적재적소에 있어야 제대로 조화롭거늘, 우리에게 마트란 혼란스러운 세상을 대하는 생뚱맞은 자리일 따름이다. 통제할 수 없는 욕망으로 법석들인지라 가만히 있어도 눈앞이 어지럽다.

 산을 두르고 앉은 옹달샘에서 별빛으로 찰랑대던 새벽은 그윽했다. 잠에서 깨어난 산 식구들이 눈 비비며 목 축이려 나오는 발소리는 정답고, 지저귀는 노랫소리는 청아하고, 묵상하는 하늘 아래 바람도 순했다. 동네 우물에서 구름을 띄워 놓은 채 여인네들의 두레박질을 기다리던 시절은 넉넉하고 평화로웠다. 가끔은 지친 걸음을 멈춘 나그네에게 한 바가지의 감로수가 되었던 소박한 낭만을 어찌 잊으리. 세상이나 사람들이 탁해지기 전이었다. 약삭빠른 요즘 사람들은 자기네 깜냥대로 우리를 상품화시킨다. 복잡한 계산과 알 수 없는 술수도 깔려 있다.

하지만 맹물은 생명의 영원한 근원이다. 모든 살아 있는 것들의 생명줄이며 뭇 맛 가운데 참맛이다. 탁하지 않고 달지 않고 맵거나 시지도 않다. 목이 타고 땅이 갈라지는 갈증을 시원하게 풀어 주는가 하면 주린 배를 채워 주기도 했다. 명징하게 얼었다가 순하게 녹을 줄 알고 유장하게 흐르다가 다감하게 고일 줄도 안다. 무엇보다 맹물은 '순수'다. 세상의 추태들과는 애당초 무관하여, 맹한 것이 아니라 외려 투명하다.

그런 물이라고 마냥 유하다고만 생각지 마시라. 가뭄에 단비 같던 맹물도 분노하면 세상을 쓸어 버리곤 한다. 공중에서 의기투합한 물이 폭우로 돌변하여 후려칠 땐 걷잡을 수 없다. 거대하게 몸집을 불려 동네를 통째로 삼키고 집도 길도 순식간에 지워 버린다. 수많은 사람들이 홍수에 삶의 터전을 잃고 울부짖는 광경을 보았으리라. 기억해 두어야 할 게다. 그지없는 깊이와 품을 가진 자연일지라도 인간의 만행을 언제까지나 받아 주지 않는다는 것. 오늘날 세계 곳곳에서 생명수가 마르고 있다는 사실 말이다.

자연을 파괴하며 세워 놓았고 나날이 쌓아 올리는 문명 도시. 휘황하고 풍족하며 편리한 세상을 누리는 사람들의 속내는 어떨까. "넓은 벌 동쪽 끝으로/옛이야기 지줄대는 실개천이 휘돌아 나가고/얼룩백이 황소가/해설피 금빛 게으른 울음을 우는 곳/그곳이 차마 꿈엔들 잊힐 리야 …" 정지용의 〈향수〉처럼 다들 마음으론 잃어버린 그곳을 그리워하고 있는지도 모른다. 드높은 하늘, 푸르게 펼쳐진 산야, 청정한 공기, 사철 맑은 물이 흐르는 평화로운 곳은 이제 영 부질없는 바람일지.

이즈음 세상을 너무 알아 버린 맹물도 곧잘 향수에 젖는다. 산허리를 잘라 길을 내고 강물을 끊어 놓으며 논밭에 철심을 박고 시멘트 빌딩을 올려 대는 바람에 갈 곳을 잃었다. 사람들이 만든 길 끝에서 멍들고 답답한 가슴이 청산을 부른다.

흐르고 굽이쳐야 생생한 물이다. 깔끔하게 포장되어 인기 상품으로 거듭났으나 낯선 공간에서 미동도 없이 지낸다는 건 삶도 평화도 아니다. 부딪치고 깨어질지언정 흐르고 흘러야 하는 것이 타고난 물의 업이다. 꿈틀대는 실개천으로 흘러가다 강이 되어도 좋고, 깊은 땅 고요한 물로 흐르다가 작은 샘으로 솟아 맹물 닮은 사람들과 연을 맺어도 스스럼없다. 촉촉하고 무량하며 엄청난 생명력을 제공하는 동시에 거침없는 자유스러움 역시 물의 본성이다. 좁은 수도관을 타고서라도 콸콸 생명 이동을 해야 살아 있는 물인즉, 그걸 잊었거나 만약 믿지 못하면 그대 몸속을 흐르는 붉은 물의 기척을 들어 보시라.

천하에 저만 잘났다는 인간들도 우리가 없다면 목숨이 위태롭다. 그런데도 지금 카트를 끌며 다가오는 손님을 보자 돌연 긴장하는 나, 페트병에 갇힌 수인囚人이다.

노을빛 그녀

무엇에 급급했을까. 문이 닫히며 엘리베이터가 순식간에 올라가 버렸다. 지하 주차장에서 나의 집이 있는 20층으로 이동하던 중, 함께 탄 여자에게 양해를 구했었다. 1층 우편함에 도착해 있을 우편물을 잠시 꺼내 가겠다고. 엷게 웃음 띤 그녀의 얼굴을 뒤로한 채 우편함에서 막 책을 꺼내 든 찰나였다. 엘리베이터는 냉정하게도 위를 향해 '고고싱'해 버린 게다. 멍하니 서서 한 층씩 올라가는 불 밝혀진 숫자를 쳐다본다.

딱히 모나게 보이지 않던 그 여자, 17층에 사나 보다. 동일한 주거지에서 같은 형태의 현관문을 열고 들어가는 똑같은 사각 모양의 방, 아랫집 천장을 딛고 옆집과는 벽 하나를 사이에 두었다. 문패 대신 호수가 붙은 집이며 서로 언제 이사를 들고 났는지도 모르는 터수이다. 수직으로 오르내리는 엘리베이터 안에서 몇 초간씩 얼굴을 익히는, 조금은 데면데면하고 초면이기도 한 관계가 아파트 도시의 이웃이라 할까.

확 달라져 버린 생활 패턴만큼 사람들의 성격이 급해졌다. 전화한 통이면 문 앞까지 먹거리가 배달되는 마당 아닌가. 필수품으로 가진 스마트폰에선 까딱까딱 손가락 운동만 하면 광대한 사이버 세상이 금방 로그인된다. 드론이 택배 노동을 대신하고, AI 의사가 의료 빅 데이터를 통해 진료와 진단을 해 줄 거라는 예상은 너와 나의 현실이 되어 간다. 세상이 급변하면서 계절마저 조급해졌는지 뚜렷하던 사철도 이즈음엔 오락가락 엇박자를 친다. 봄이 피었다며, 단풍 들었다며, 첫눈 온다며, 펜으로 눌러 쓴 엽서를 우체국에서 부치던 시절은 기억에서조차 가물가물한 추억이 되었다.

"겉으론 차분해 보이는데 성격이 급한 편이네요."

오래전 어느 내과 의사에게서 들은 말이 생각난다. 초조하게 기다린 환자에게 진단 결과와 병명부터 명쾌히 말해 주지 않던 그 의사보다 훨씬 젊었던 나는 '무슨 말씀을, 당신이 느리시면서….'라는 속말을 목젖에서 꿀꺽 삼켰었다. 그땐 몰랐으나 수긍이 간다. 성격이 급하면 대체로 걸음새나 말씨도 빠른 속도를 탄다. 화법도 우회로나 은유 같은 방법을 빌리지 않고 직설적인 편을 택한다. 노老의사 선생님이 그걸 간파하지 못했을 리 없다.

그럼 문명의 쾌거로 절약된 시간에 사람들은 무엇을 하였나. 뭐든 가능성의 시간이 될 줄 알았던 그것들이 나를 떼어 놓고 대체 다 어디로 갔지. 조금 더 서로를 사랑하고 가족과 화목하며, 더 따뜻이 이웃과 교류하고 조금 더 너볏해졌는가. 시간 속을 건너는 하루하루를 짚어 봐도 왠지 모를 불안과 걱정을 안고 있다. 공중에 떠 있는 집을 기계로 오르내리며 일상과 추상의 숫자 놀음에서 놓여나지 못한다. 숫자는 갈등과 분란과 좌절을 낳기도 하는 터, 이래저래 삶은 아슬아슬하고 인생길이 던지는 시련과 시험은 늘 예측 불허다.

삶 앞에 나는 자주 초조하고 허기졌었다. 집집마다 삼시 세끼도 어려웠던 시절, 식구들의 먹거리와 사철 입을 거리 마련에 부모님은 늘 허리띠를 졸라매어야 했다. 받아 든 삶이 막막할수록 스스로를 닦달하고 다그칠 수밖에 없었다. 어딘가를 향해 애를 태우며 마냥 동동거렸다. 팍팍한 현실을 박차고 훌쩍 도약하고 싶어서, 갖고 싶고 되고 싶고 하고 싶고 가고 싶어서…. 까닭이야 우리 집 가난에게 덮어씌우며 제 나름의 비상을 꿈꾸었는지 모른다. 인간은 욕망하는 존재다. 지나치게 탐하여 염치조차 뭉개어 버린 욕심은 자칫 파멸로 몰아가고 영혼까지 황폐화하는 독이 되지만, 어쨌거나 욕망은 살아 있는 사람의 것. 우리를 살게 하는 동력이다. 한사코 욕망할 수밖에 없는 것이 삶 자체이리라.

유년의 봄날 이후 숱한 계절을 내가 나에게 쫓기며 달려온 것 같다. 아니, 그랬다. 오늘은 어제의 열매이며 결실일지언정 삶을 좌지우지하는 무언가의 너머에는 어김없이 '나이 듦'의 이정표가 있다. 무게, 책임, 두려움이 포함된 것. 연륜은 지식처럼 베껴 먹거나 우려먹을 수도 없는, 반드시 밥그릇을 비워 내야만 온몸에 박히는 눈물겨운 거다. 팽팽하던 시간을 통과하고 나니 어스름이 감돈다. 점점 고요해진다.

생의 고단함을 발아래로 내려놓는 시점. 빡빡하던 마음의 행간도 조금쯤 푼더분해지는가. 괜스레 눈시울이 더워 온다. 저 멀리 서산머리를 환상적으로 물들이며 다함 없이 피고 지는 노을의, 삶에 대한 예의가 읽히기도 한다. 사람의 노경 또한 자신이 만들어 낸 애틋한 예술일 거라며 밑줄 하나 긋는다.

살아 보니 늙는다는 것은 기막히게 슬픈 일도, 그렇다고 호들갑 떨 만큼 아름다운 일도 아니라고 했던 사람은 수필가이자 영문학자로 살다 간 장영희 교수다. 초스피드로 질주하는 세상에서 아무도 해결해 주지 못할 고독과 외로움을 건너뛸 노하우는 생기지 않았어도, 수없는 반복이 가져다준 익숙함이 있다. 웬만큼은 스며들거나 흘려보낼 줄 안다. 이런 익숙함이 싫다가도 더러는 싫지 않다. 날마다 해가 떠오르는 것도 하루를 간절히 살라는 의미일지니 상실보다는 선의와 진심만 기억하기. 어떤 것에 쉽게 연연하지 않고 제 깜냥대로 삶에 열중하며 성숙해지기. 여태 그랬듯 내일을 의심하면서 또 믿으면서.

곧 들녘의 쓸쓸한 바람이 덮쳐 오고 이어 허허한 겨울이 문턱을 넘고 들이닥칠 테다. 한철 당당하던 기세와 번잡을 떠나보낼 즈음, 내면을 다잡는 겨울나무인 양 빈 가지로도 기품 있게 적요에 든다면 감히 꿈꿔 본 만경이겠거늘. 때때로 사람은 생각이 많아서 불안할까, 불안해서 생각이 많을까.

"버튼을 잘못 눌러 올라가 버렸는데 오해하실까 봐 다시 내려왔어요."

문이 열린 엘리베이터 안에 17층의 그녀가 웃고 서 있다. 하아! 문명의 이기 앞에서 단순한 버튼 조작에도 미숙한 바로 우리 세대셨구나. 얼떨결에 혼자 올라가는 동안 잠시 잠깐 갈등도 했을 법한 구세대. 순간, 뜻밖의 친근감에 나는 화들짝 신통찮은 사유 속을 빠져나온다. 이리 가뿐할 수가….

마주한 그녀의 얼굴에 번지는 노을빛이 곱다.

선들에 대한 의문

 수상한 배역의 선들이 처처에 포복해 있다. 갈라놓고 배제하고 금지하고 견제한다. 선은 일정한 기준이나 어떤 범위를 나타내기도 하지만 때론 무엇보다 폭력적이다. 은밀하고 거세게 밀어붙이며 가슴속까지 서슴없이 그어 댄다. 사람과 사람, 사물과 사물, 공간과 공간 사이 수많은 선들이 우리를 갈등하게 만든다.

 부모님이 돌아가시면서 홀연히 또 하나의 선이 사무쳐 왔다. 냉정하게 생生과 사死를 가르는 선. 허망하고 쓸쓸하며 소리도 소리를 내지 못하는 기막힌 선이 있음을 진즉 알긴 했어도, 비로소 뼛속 온도로 닿았다면 내 몽매함 탓이리라.

 오십 초반이던 그녀가 돌아올 수 없는 선을 감히 스스로 넘어가 버린 것도 그랬다. 막 외출하려는 등 뒤에서 집전화가 울렸었다. 옛 직장 선배였다. C가 죽은 거 모르제? 내 그런 줄 알았다. 그녀가 당최 짐작할 수 없는 의문을 남기고 떠났단다. 그것도 지난주에.

 "하, 하, 하." 뜬금없이 왜 헛웃음이 터졌는지 모른다. 나의 이상한 반응에 움칠한 선배는, 많이 슬퍼하더라고 전해 주겠다며 황망히 전화를 끊었다. 내 안부가 궁금할 본인이 없는데 누구한테 전한다는 걸까. 나와 그녀를 아는 사람들? 넋 나가 있더라는 그녀의 남편? 그저 아득하고 멍했다.

C와 나는 정확히 보름 전에 포항 호미곶을 둘러 하루 여행길을 다녀온 터다. 몸에 좋다는 칡차까지 한 병 사 들고 돌아왔던 그녀가 어처구니없게도 딴 세상으로 가 버렸단다. 수십 년 집과 직장을 오가던 길을 명퇴로 갈무리하고 다그치던 시간의 끈에서 풀려난 지 몇 년이나 됐다고. 정말 하고픈 일 하면서 재미있게 살자고 마음 맞추었건만, 활달하고 소탈한 성격이었건만, 대체 무슨 일이 심경에 일어났더란 말인가.

전화를 끊고서도 울어지지 않았다. 한참을 뻣뻣이 서 있었다. 합창 수업에 가려고 차려입었던 외출옷을 도로 벗는데 그제야 갇혀 있던 눈물이 흐르기 시작했다. 풀썩 주저앉고 말았다. 삶과 죽음이 결국엔 한통속이었다. 절대로 오갈 수 없는 극명한 선이 다시금 내 곁에 그어진 것이다. "안 돼…."

그녀만큼 나를 생각해 준 친구가 있었을까. 매일이 판박이인 생활에 지친 내가 어디든 가자고 하면 열 일 제치고 나섰던 그녀. 여름휴가 때에도 '여행은 친구와 함께'가 제격이라는 내 주장을 토 달지 않고 받아 주었다. 외국어 울렁증으로 이국인 앞에서는 입술이 붙어 버리면서도 선뜻 유럽 여행길에 동행할 만큼 내겐 이해를 넘어 이타적이던 친구다. 그녀를 잘 살피지 못했다는 자책이 뒤늦게 몰아친다. 후회는 늘 이런 식이었지.

 선은 넘을 수 있는 것과 넘을 수 없는 선, 보이는 것과 보이지 않는 선, 보이진 않아도 강력한 힘으로 앞을 턱턱 막는 선들이 있다. 부드러우면서 정겹게 양쪽을 이어 주는 선이 있는가 하면, 벼린 칼끝처럼 시퍼런 냉기를 품고 매섭게 갈라놓는 선도 있다. 사는 동안 여러 선들에 묶이고 매달리고 등을 지며 고뇌한다. 선을 잇기 위해서, 혹은 선을 뛰어넘기 위해서.

 아버지는 선 하나로 인해 평생을 이산의 아픔과 그리움으로 살다 끝내 생을 놓으셨다. '죽지 말고 살아서 꼭 다시 만나자'가 실향민들의 염원이었지만 이제 생존자도 많지 않다. 남은 이들도 고령으로 귀향은커녕 생명줄마저 희미한 처지다. 자고 나면 바뀌는 세상이고 지구촌 곳곳을 넘나드는 시대라는 말이 맞기나 한지. 내가 사는 좁은 땅은 세계 유일의 분단국으로 혈육지친의 정도 막아 놓은, 영화보다 더 영화 같은 실재다. 반세기를 훌쩍 넘기고도 뻗대고 있는 휴전선休戰線이야말로 전쟁과 평화가 위태롭게 공존하는 역설의 현장이겠다.

 휴전선 이남에서 태어나고 자란 딸은 아버지의 고향이 있는 북녘 땅을 이야기로만 안다. 남북을 갈라놓은 그 통한의 실선보다 당장 주위에서 진로를 방해하는 무형의 선들이 더 암담했다. 불리한 환경요인들 틈에서 선택의 길은 여럿 있을 수 없었다. 실현하고 싶은 이상보다는 삶을 영위할 방편으로 지킨 직장에서 기대와 좌절, 환희와 고통을 맛보는 동안 많은 세월이 출렁거리며 흘렀다.

생이란 호시탐탐 발을 걸어 채려는 선들을 뛰어넘고 또 다른 선에 닿는 길일까. 가령 대나무도 몸 중간중간 매듭진 선들이 없었더라면 그토록 가늘기만 한 나무가 그렇게 높이 올라갈 수 없었을 테니까. 만약 유형무형의 태클을 거는 선들이 곳곳에 없었더라면 세상의 목표들은 달성되지 못했을 테니까. 하여, 유사 이래 세상사 구비마다 앞앞마다 숱한 사연을 꿰고 존재했을 선들에게 묻고 싶다. 적인지 동반자인지 아리송한 그대 의문의 선들이여! 오늘도 여전하신가.

선을 넘는다. 유연하고 포용적인 선. 우리 동네 구서동을 지나 금정구를 벗어나고 동래구 수영구 남구를 거치고 그다음 구의 딴 동네로 미끄러지듯 넘어간다. 하루에도 몇 개의 선을 넘나든다. 어떤 날은 인문학 강좌를 수강하고, 어느 날은 합창 수업을 하고, 한국무용을 하고, 다시 역순으로 넘어온다. 그게 언제까지일지 자신도 알 순 없지만, 기껍고 유유하길 바라며.

나, 신발

간만에 살맛이 난다. 올여름 내내 문 앞에서 대기 상태였어도 무관심이던 주인이 이즈음 외출 때마다 나를 찾는다. 여름과 가을이 몸을 섞는 애매한 시점에 계절과 상관없이 신을 수 있는 나의 실용성 때문인지. 아니면 다른 이유에선지 여하튼 그 날렵한 뾰족 굽의 하이힐을 제쳐 놓았다.

나를 팍 기죽게 했던 구두는 화려한 큐빅 장식에다 황금색 줄로 발등을 살짝 감는 세련미가 눈부셨다. 무엇보다 발뒤꿈치를 아슬아슬하게 떠받쳐 올린 맵시는 여자들의 각선미를 한층 돋보이게 한다. 녀석에 비해 별 예쁜 구석도 없이 그냥 검정색 납작구두인 나를 '발이 너무 편하다'고 치켜세우며 데려왔었다. 그래 놓곤 딱 한 번 나들이에 동행한 후로 숫제 모른 척하는 주인의 무정함에 내 속이 답답해 터지는 줄 알았다. 이게 무슨 경우냐고 투덜댈 적엔 오늘 같은 날이 올 거라고 짐작이나 했으리.

주인의 외출 길을 받쳐 주는 신발들은 언제나 하이힐 부류였다. 여차하면 상대를 깔아뭉개려는 경쟁사회에서 암만해도 주눅이 드는 판에, 뒤꿈치를 바짝 세운 하이힐의 외모적 상승효과는 여자들의 마음을 사로잡는다. 늘씬하게 키라도 올려 주겠다면 반가운 유혹일 터, 주인의 신발장엔 뾰족구두 일색이다. 굽이 낮은 신발은 발바닥이 아프다거나 뒤로 넘어갈 것 같다며 하이힐을 편애하던지라, 몇 켤레의 납작구두와 운동화는 맨 아래 칸에서 숨죽인 처지였다. 위 칸에 모셔진 하이힐 녀석들이 빈번하게 외출을 하며 지체 높은 신분인 양 등등하던 기세라니…. 지금 기분으론 나도 당당하게 한마디 던지고 싶다. 세상에 변치 않는 것이 있더냐고.

 기실 삶에 정답이 있던가 말이다. 이런가 하면 저렇고 저런가 하면 이렇고 종잡을 수 없는 경우가 허다하다. 하물며 바닥이 세상 전부인 신발의 생존 방식이란 무거운 존재를 지극정성 떠받드는 것. 하중을 견디며 낮고 추루한 곳을 몸 닳도록 걷는 일이다. 곳곳에 도사린 함정과 불쑥불쑥 불거진 돌기, 이리저리 꺾이는 굴곡과 암담한 가풀막에도 핏대를 세우거나 항변할 길은 없다. 한 치 앞도 예측할 수 없는 불확실한 삶에 겸허히 포복한다. 살아 있음에 집중하지 않으면 어느 구석으로 나뒹굴지도 모른다. 삶의 한순간 갑작스러운 종지부를 찍는다 해도 걷는 동안만큼은 '오늘이 새날'이라며 하루를 힘껏 밀고 나간다.

 떠받치며 걷는 일이 천직이지만 제바람에 팔팔 신명도 낸다. 고된 여정에도 미지의 길은 설렘과 호기심을 담고 있으며 때론 가슴 벅찬 감동이니까. 그동안 주인과 잦은 동행에 우쭐댔던 하이힐 녀석들도 그건 마찬가지였을 게다. 어쩜 주인과 더불어 걷던 길을 내려놓은 뒤에야 비로소 발원하는 슬픔을 감지하고 소스라칠지도 모른다.

들여다보면 땀도 눈물도 배지 않는 삶은 없다. 어떤 생이든 수고와 통증과 비애, 감격과 환희가 버무려진다. 복잡하고 다난한 길이라 해도 가노라면 어렴풋이 가닥이 보이기도 한다. 그러면서 또 서툴고 다시 낯설게 다가오는 '단 한 번의 초행길'이며, 아득한가 싶다가 느닷없이 끝나 버리는 것이 길 위의 삶이다. 한데 요즘 수다쟁이 여자들끼리 모이면 애먼 우리를 종종 우스개로 들먹인다.

"너무 헌신하다가는 헌신짝 된다!"

서슴없이 읊어 대는 걸 보아 자의식이 강하거나 자기애가 넘쳐서일 수도 있다. 어쨌든 옛날보다 똑똑한 여성들임은 분명하다. 하지만 낮은 곳에서 헌신하다 헌 신으로 돌아가는 것이 묵인된 우리들의 숙명이거늘, 자신의 몸을 의탁하는 입장에선 배은망덕이다. 무례함의 극치. 비록 세상을 눈 아래로 보는 사람일망정 우리들 신발이 없으면 거칠고 질척거리는 길을 마음대로 나설 수 없다는 자명한 사실을 아는지 모르는지. 더구나 그렇게 약은 자들의 삶도 언젠가는 홀연 헌 구두 한 켤레로 남는다는 걸 잊고 사나 보다. 의식적이든 무의식적이든 내 시간이 영원할 거라는 착각에서인가?

고단한 노동 막간에 찾아오는 짧은 휴식은 우리에게도 충전의 시간이다. 나란히 놓아 주고 먼지라도 닦아 주면 최소한이나마 대우를 받는 듯하여 위안이 된다. 간당간당 끌고 오던 길에서 전해 들은 길바닥의 말과 바람의 말들을 옆 지기와 다정히 주고받는다. 돌부리에 채고 걸어차면서 헐떡여 왔던 노고와 상처를 서로 다독이며 가만히 눈물을 훔치거나 조용히 웃기도 한다. 긴장감으로 기우뚱대던 심신을 풀어 놓고 다음을 밀고 나갈 기운을 얻는다.

이 세상에 '태어남'은 자신의 선택이 끼어들 수 없는 일 아니던가. 피조물인 우리가 저마다 생김새가 다르듯이 제각각 쓰라린 서사와 삶의 흉터를 품고 있다. 평생 누구를 받쳐 주는 삶은 세상의 가장 따가운 생이다. 그러니 부단히 일한 우리를 두고 그리 가볍게 떠들어 대진 말지어다. 받은 목숨대로 묵묵히 죽을힘을 다해 사는 일생인데 누구라서 남의 삶을 함부로 말할 수 있을까.

참았던 말을 털어놓고 보니 후련한 느낌과 민망한 마음이 교차한다. 그렇더라도 오랜만에 주인과 동행한 외출 길이 한결 가뿐하다. 벗을 땐 아무쪼록 가지런히 놓아 주시기를…. 배려는 결국 자신에게로 돌아올지니.

어떤 기억

닭들의 반란

　암탉들이 살충제 계란을 퍼뜨렸다며 세상이 야단법석이었던 날이다. 농장주의 부당한 처사에 대응한 암탉들은 회심의 "꼬끼오"라도 외쳤을지 모른다. 늘어나는 수요를 감당하고 이익 창출을 위해 수단을 가리지 않는 대량생산 방식에다, 농약을 과다하게 살포하고도 '무농약', '무항생제'라 우기던 사람들이 호되게 한 방 먹었다.
　닭은 본시 흙을 파헤쳐 벌레와 지렁이를 찾아 먹고 모이와 함께 모래나 조개껍질도 주워 먹고 풀도 뜯어 먹으며 산다. 배를 채운 다음엔 소화를 시키면서 모래 목욕으로 이를 잡거나 가려운 곳을 긁고 털 고르기를 하는 것이 닭의 생활이었다. 오늘날 집단 사육 방식인 '케이지'에 갇혀 꼼짝없이 주는 대로 먹고, 더구나 일생 알만 낳다 죽어 가는 암탉들에겐 꿈같은 이야기일 테다. 마음껏 날개 칠 자유도 앗긴 터에 살충제까지 뿌려 대었으니 반란 심리가 오죽했으리. 닭들의 반란은 마땅하고 지당하다.

악성 계란

 냉장고 문을 열고 사다 놓은 계란을 들여다본다. 동화 〈백설공주〉의 독이 든 사과도 아니고 〈황금알을 낳는 거위〉의 황금알도 아닌, 여태 내가 잘 먹은 바로 눈앞의 이 생생한 계란들. 악을 품은 달걀이 '닭대가리'라고 불러 대던 사람을 향해 침묵시위를 하는 듯 반질반질하고 동그스름한 몸으로 엎드려 있다.
 양질의 단백질을 보충해 준다고 믿었던 요것들이 악성을 지녔다는데 날마다 먹은 우리는 그럼 뭐가 되지. 따져 보니 독을 감추고 있는 것은 살충제 계란만이 아니다. 유해 물질은 육류 생선 푸성귀에도 은밀히 들어 있고 생활필수품과 아기들 장난감에도 비밀리에 숨어 있다. 영락없이 독과 공생하는 터에, 닭에게 살충제를 뿌려 댄 우리들 몸과 마음과 정신은 실로 무사한 걸까.

독 오른 군상들

 싸늘한 기운들이 부유하고 있다. 뾰족한 빌딩 사이를 지나고 쌩하게 달려가는 자동차와 피곤한 도시의 가로수와 딱딱한 시멘트 바닥을 스치며 사방으로 떠다닌다. 우리는 적어도 하나씩의 장애는 가졌지 싶다. 하여 수시로 골머리가 쑤시고 무거우며 속이 답답하고 복닥거리는 것 아니냐고.

집단 폭행으로 피투성이가 된 여중생의 사진이 인터넷에 오르고 신문에도 났다. 폭행을 가한 또래의 여중생들이 피해 학생의 무릎을 꿇려 놓고 그 모습을 찍었다는 거다. 봉긋한 꿈과 아침 햇살처럼 눈부신 웃음이 넘쳐야 할 아이들의 끔찍한 잔혹성에 어른들은 흥분한다. 청소년 범죄의 심각성을 운운하며 엄한 처벌을 요구하고 있다. 그뿐이랴. 어버이를 폭행하여 죽음에 이르게 한 아들. 어린 자식을 학대하여 숨지게 한 부모. 길 가던 타인을 불문곡직 '묻지 마 폭행'으로 사망케 한 사람 등. 충격적인 뉴스가 두루마리 풀리듯 흘러나온다. 독 오르고 악 바친 마음들은 냄새도 물기도 없이 지독하다. 아무래도 어딘가 병든 세상이다.

그래도 역시 사람

지하철역 한편에 특별한 작품이 내걸렸다. 정신 장애인들의 '세상에 외치는 소리'였다. ○○인권사무소에서 장애인 인식 개선을 위해 기획한 시화전으로 부제목이 '삶이 내게 말을 걸었다'이다. 거기에 서툴고 허술하지만 이런 글이 실려 있었다.

"내가 만난 현진은 착하고 예쁜 매력적인 아가씨였다. 말투도 상냥하고 저렴한 옷을 입고 다녔다. (중략) 우리는 동거생활 11개월 후 정식으로 부부가 되었다. 지금은 정신건강도 많이 회복되고 서로를 이해하고 배려하며 인생의 동반자로서 행복하게 생활하고 있다./ 퇴근길에 시장에 들러 요리할 반찬재료를 사고 요리를 같이하는 시간이 즐겁다. (중략) 앞으로의 인생도 지금과 같은 정신건강을 유지하고 행복하게 생활할 수 있도록 신께서 돌봐주시라고 기도를 했다." ⟨권성진 〈내가 만난 현진〉⟩

소박하고 행복한 마음을 담은 글을 읽으며 문득 "사랑하는 사람들만 무정한 세월을 이긴다."라는 시 구절이 번개로 쳤다. 사람 탓에 아프기도 하면서 사람으로 인해 위로가 되는 사람들, 아이러니이지만 마음이 마음을 움직일 수 있다. 슬픔이 꾸역꾸역 몰려올 때 슬픔이 아니게 만들어 주는 사람이 곁에 있으면 좋겠다던 시인의 마음 또한 가깝게 다가온다. 사람에겐 그래도 사람이 위안이며 빛인 것을….

독 & 약

이번 여름은 지독히 들끓었다. 어김없는 계절이 가을바람을 불어 넣자 빈칸을 수습하지 못한 내 몸은 으슬으슬한 기운부터 감돈다. 한기 앞에 풀 죽어 곧잘 겪는 감기치레는 정말이지 이젠 되풀이하고 싶지 않다. 광기의 열과 폭력적 몸살이 덮쳐 오기 전에 맞춤한 처방이 필요하겠는데 며칠분의 감기약만으로는 역부족이다. 번번이 복용한 항생제는 나의 면역 체계마저 면역시켜 버렸다. 모질고 찐득한 것. 쉽사리 속아 낼 수 없어 긴장되고 불안한 그것. 원한 바 없지만 세상길 어디에나 엎드려 있고 여차하면 맞닥뜨리는 사나운 독기들을 어찌 헤쳐 가라고.

  하지만 쓰기에 따라 독도 약이 될 수 있음을 안다. 사물과 사람에 공존하는 독의 양면적 성질이야말로 인생이 나에게 매몰차게 가르쳐 준 삶의 묘약이었다. 지금이라고 다르겠어? 몸 안에 침입한 독은 내 삶의 모순을 살피라는 신호이기도 하다. 굳이 지피지기知彼知己라는 말을 빌리지 않더라도, 잘 버텨 내기 위해 나부터 속속들이 들여다봐야겠다. 때마침 또 한 겹의 절기는 익어 가고 한동안 몰아붙였던 걸음을 멈춘 나는 조용히 '몸 어르기' 시간을 준비한다. 이참에 몸속 기운을 따뜻이 돋워 볼 참이다. 어쩌면 너무 많은 생각도 스스로를 갉아먹는 독일지니.

이름, 꽃으로 피고 지다

　시간은 설명할 수 없는 신비다. 내 것이라 여겼으나 내 것이 아닌 불가항력의 흐름이며, 일 년 열두 달 밤낮을 흐르면서도 실체를 알 수 없는 미스터리다. 저절로 오고 가건만 누가 훔쳐 가기라도 하는 양 곧잘 강박감으로 덮치는 불가사의다. 겁나게 빠른 그 분초分秒의 위력에 아이들이 자라서 청년이 될 동안 어른들은 늙어서 노인이 된다.

　한쪽 다리에 깁스를 한 노인이 절뚝절뚝 힘든 걸음을 옮기고 있다. 노인 곁에는 제법 커다란 덩치의 견공이 나란히 동행한다. 희한한 것은, 다리에 아무 이상이 없다는 견공도 한쪽 다리를 절뚝이며 주인과 걸음나비를 맞춘다는 거다. TV 뉴스 장면인데 신기하면서도 왠지 짠한 그들의 행보가 가슴에 꽂힌다. 사람이든 동물이든 상호 이어진 관계는, 더구나 따뜻한 관계는 생명의 끈이 될 수도 있는 터. 오랫동안 쌓아 왔을 도타운 정과 그들만의 신뢰가 엿보인다. 비록 애완견일망정 사랑의 이름값을 하는가 싶다.

　그렇더라도 '노인과 반려견'은 아무래도 고독한 현대사회의 외로운 이름들 같다. 세상과 힘의 중심으로부터 멀어지고 관계 단절의 통증을 견디고 있는 존재로 와닿는다. 가파른 세월의 속성에 펄펄하던 청춘의 진취성도 삶의 순수성도 멸하고 기력이 쇠잔해진 내 이름 때문인가.

세월은 사람 이름 위에도 곱다시 마법을 부려 놓는다. 나만의 고유명사가 점점 퇴색하고 아주머니, 이모님, 선생님이라는 명사로 호명되면 짙푸르고 불꽃 튀는 날들은 아련해져 간다. 색깔마저 희끗한 할머니로 불리면 자신을 한껏 주창하던 이름도 마침내 쓸쓸해져 뼛속으로 파고든다. 무람없이 날뛰던 야망조차 은근히 겸허해진다.

움츠린 내 이름을 데려와 원고지 위에 반듯이 앉혀 본다. 자신을 가다듬고 삶을 다듬어야 할 글 길에서다. 글 제목 아랫줄 한쪽에 이름 석 자 올려놓으며 글 문을 연다. 나와 함께 태어난 이름에게 미안하지 않도록 마음을 다잡고 세상과 소통할 글제에 집중한다. 작가란 요동치는 세상살이에 덜컹거리는 이름만은 지킬 수 있도록, 아니 낯선 내가 낯익은 나를 찢고 나오도록, 혼신으로 글을 쓰는 자. 답 없는 물음 앞에서도 무너지지 않는 자일 수도 있다.

이름은 자신을 비추는 거울이다. 이름을 부르면 심장이 빨리 뛴다. 그러면서 우여곡절의 세월도 쌓여 간다. 이름을 부르고 불리며 환희와 슬픔의 마디마디를 붙이고 자르고 지워 내는 게 인생이므로.

자판을 두드린다. 이름 하나 이름 둘 이름 셋 부르며 글 길을 몬다. 눈물 글썽거려지는 이름을 부르고 단호히 돌아섰던 이름도 나굿이 불러 준다. 너무 오래 부르지 않아 낯설어진 이름도 있다. 이름을 불러 본다는 건 그리움이 깔린 둔덕을 걷는 일, 이름들을 이어 놓으면 내가 살아온 날들이 보인다.

'큰언니'는 또 하나의 내 이름이다. 들을수록 왜 눈물이 날까. 어려운 시절을 타고난 맏이는 그 이름을 꽉 붙들고 용맹 정진해야 할 책무를 스스로 진다. 어린 동생들에게 버팀목이 되어 줄 '큰언니'라면 쉽사리 주저앉거나 함부로 눈물을 흘려서는 아니 된다. 스스로 길을 내기 위해 피멍이 드는 담금질도 각오해야 한다. 기댈 데가 없는 곳일수록 온몸으로 헤쳐 나아가야 하고, 비바람이 세찬 날일수록 용기가 꺾이지 않아야 한다. 어둠도 담담히 익혀야 한다. 본줄기가 기능을 잃으면 덩이뿌리들도 자랄 수 없다는 절박함, 그만큼 절실한 '이름 지키기'였으며 세상을 향한 숨찬 가지 뻗기였는지도 모른다. 가족은 예기치 못한 시련에도 살 맞대고 살아갈 지극한 연줄이리라.

한 존재는 세상의 꽃이다. 호락호락할 리 없는 생존 현장에서 저마다의 이름들이 눈물겹도록 진지한 꽃으로 피고 진다. 한 송이 풀꽃에도 하늘과 바람과 햇살이, 땅속 깊은 샘물이 깃들어 있다. 꽃은 필 때가 아름답지만 사람 꽃은 '필 때보다 어떻게 지느냐가 더 중요하다'는 것을 세월이 내게 가르쳐 주느라 무수한 지층을 넘어왔나 보다. 크고 작은 비구름은 얼마나 많이 흘러갔는가. 그러기에 어떤 이름은 시공간을 뛰어넘어 가슴에서 복원되기도 한다. 이름이 마음

속 등불이 되어 주는 이유다.

이름들의 뜻을 다시 새겨 담는다. 풍진세상을 쫓아가느라 편히 기대지 못한 이름들. 고단한 시간 줄을 잡고 있는 저 벌판의 풀은 각박한 터전이라고 주눅 들지 않는다. 바람 불어 흔들린들 뭐 대수냐며 굳이 등 돌리지도 않는다. 자랑도 비굴함도 없다. 풀꽃은 때로 그냥 '풀'이듯이 사람은 그냥 '사람'인 것만으로도 뭉클하다. 보고 듣고 말할 수 있고, 슬픔에 울고 기쁨에 웃을 수 있고, 그리움이 있고 설렘이 있다. 거기에 글 쓸 수 있어 행복한 수필가는 수필을 쓰면서 삶을 긍정하며, 시인은 시를 지으면서 생을 다독이고 노래한다.

글 길을 몰아간다. 간간이 새로운 이름을 불러오고 드물게는 세상 밖으로 가 버린 이름을 얼얼한 심정으로 보내 준다. 언젠가는 내 이름이 영 사라질 거라 생각하니 이름 하나하나가 문득 애틋해진다.

길을 잇는다. 시리고 뜨거운 이름들이 덜컥덜컥 와닿는 글 길로, 늑골 뻐근한 사람 하나 종일토록 가고 있다.

'쓸쓸'과 '간절' 사이

　피잉, 투명한 울림소리를 내며 탁구공이 앞으로 튀어 나간다. 공을 친 쪽도 받아칠 상대편도 한순간 탁구공의 향방에 정수리까지 바싹 긴장한다. 옆길로 새지 말고 곧장 나아가기를, 네트에 걸리지 말고 곧바로 넘어가 주기를, 이런 조바심과 전신全身의 긴장 상태가 싫지 않다. 얼마 만인가.
　생기 찰박하고 날렵하며 팽팽하던 시간대엔 탁구공도 통통 탄력 있게 네트를 넘어갔다. 어깨너머로 익힌 실력에 별다른 테크닉 없이도 가능했다. 휴일이면 산악회원들 대열에 합류하거나 탁구장을 찾는 일이 운동 겸 휴식이었다. 해 보고 싶은 것이 무진장이었는데 날이면 해야 할 일에 고삐가 잡혀 바둥거리던 때다. 내 뜻과 상관없이 돌아가는 일상에서 주말이 오기만 기다렸다. 빡빡한 줄 끄트머리에 매달린 휴식의 시간이란 갑갑한 터널의 끝에 닿는 햇살이고 살랑바람이었다.
　지금의 나? 주말이나 휴일이 그리 의미가 없다. 고삐 늘어진 시간은 차치하더라도 안팎에서 기를 꺾는 것들이 부지기수다. 오늘 바람 불고 비 많이 온다고, 엄청 덥다고, 너무 춥다고, 피곤하다고, 가만히 엎드려 있자는 몸의 투정과 꼬드김에 쉽게 동의해 버린다. 서늘한 바람의 감촉만으로도 여차하면 감기이고 까딱하면 몸살을 일삼는 체력을 핑계로 안락함 쪽으로 눈독을 들인다. 어이없는 건 비행기가 추락했다는 빅뉴스나 지진이 일본열도를 흔들고 미사일이 전쟁 중인 어느 나라 하늘에 쏟아졌다는 속보에도 심드렁하다는 것. 기껏해야 "또?" 한마디가 관심의 시작이자 끝이다. 내 속에서 나를 주저앉히는 것들이 무언지 짐작은 하면서도 각오는 줄기차게 '내일부터'다.

 탁구대에서 공이 자꾸 빗나간다. 한심하게 네트에 걸려 주저앉거나 뜬금없이 공중으로 솟구쳤다가 바닥으로 나가떨어진다. 방향감각을 잃고 갈팡질팡하는 탁구공이 흡사 목표를 상실한 누군가의 삶을 떠올려 주는 것 같다. 나에게서 찬연하게 반짝이던 것들은 어디로 새 버렸나. 심장이 떨리도록 나를 일으켜 주던 동적인 세포들이 빠져나간 몸에서 식은땀이 흐른다. 결국 통쾌한 스매싱 한번 못 때려 보고 한 시간 동안 스윙 연습만 하다가 돌아왔다.

 힘이 빠지면서 신산한 것이 마음을 누른다. 안락과 평안이라 여겼던 것들에 돌연 의심이 간다. 나태하고 무력하고 썰렁하고 쓸쓸하고….

 펼쳐 든 시집에서 급기야 가슴을 쿡쿡 찌르는 시를 읽는다.

 "삶에서 '간절'이 빠져나간 뒤/… 몸 쉬 달아오르지 않는다/달아

오르지 않으므로 절실하지 않고/절실하지 않으므로 지성을 다할 수 없다…"(이재무의 〈간절〉)

이 단출한 문장이 총체적 난국에 빠진 내 정신을 짚어 주다니. 자각은 자신을 직시하는 용기다. 나는 언제 '간절'을 잃어버렸는지 어둑한 마음 안을 들여다본다. 목숨붙이의 본색마저 퇴색시키는 시간 앞에 움츠러드는 자신감, 어디에도 닿지 못한 막막함과 느닷없는 허무, 앞섶을 암만 여며도 파고드는 시린 바람의 느낌. 그 위에 한 시절 나를 열렬히 고조시켰던 시간을 겹쳐 보다가 그만 울컥한다.

탁구공인들 패기와 열정이 가셔 버린 주인이 마음에 들 리 없었을 게다. 팔팔한 생명력과 민첩한 속도성과 통통 튀는 리듬감을 만끽하고 싶지 않았으리. 거침없이 네트를 넘고 목적지를 향해 쌩하게 날아가고플 테지. 바닥에 갈앉아 빛도 그림자도 아닌 것은 삶이 아님을, 하마 알았을 법하다.

때론 육체의 안락함이 어떤 유혹보다 치명적이라던가. 나를 짚어 준 뜨거운 시 구절을 한 움큼의 각성제인 양 속으로 삼켜 본다. 뜨끔거리며 넘어가다 꺽꺽 걸리는 불 가시가 찔러 댄다. "잠들어 죽지 않기 위해 제 머리를 바위에 부딪고 출렁이는 바다를 보라!" 그래, 홧홧한 간절함 하나가 내 속에 살아나 준다면 시詩든 탁구든 다른 무엇이든 상관없다. 팽팽한 설렘과 탄력을 간직했으면 그만이다.

뜻밖에도 심경에 와닿는 시 한 구절, 수필 한 문장이 축 처지려는 마음을 일으켜 세운 순간이 더러 있다. 오래된 심장도 다시금 설렐 준비를 하는 거다. 무기력의 늪에 빠지지 않기 위해서라도 허우적대는 정신을 갈아 봐야 할 시점이겠다. 시련이 끈질기게 시험한다고 아무 노력도 하지 않는다면 아무것도 얻어지지 않으므로. 한 생이 농익는다는 게 절대 밋밋하거나 호락호락한 일이 아니므로.

곱씹어 봐도 고난은 아리지만 세상을 다시 볼 기회가 되어 준다. 인생의 한 경지에 도달한 사람도 숱한 좌절의 고비를 넘어왔으며, 소리꾼의 한가락 절창도 통증을 삭혀 낸 결과다. 나로부터 멀어졌다고 여긴 '간절함' 또한 아득한 거리가 아니라, 외려 회복 탄력성을 지닌 간격이라고 속을 달랜다. 내가 만든 무기력과 쓸쓸함과 절망에 속느니 희망에 속아 보는 건 더 이상 두려움이 아니라며 마음 다진다. 이런 느닷없는 아픔과 허무도 우지끈거리는 두통이나 치통처럼 시련의 한순간일 뿐이며, 이 불가해한 생을 건너는 주인공은 바로 '나'임을 새겨 넣는다.

자아를 변화시키는 힘은 나를 직시하는 자각에서 오는 것이리라. 한사코 희망 최면을 걸고 있다. 자신이 스스로를 부축해야 한다는 사실은 세상에서 가장 외로운 일일지라도.

봄 사람

　실버 모델의 워킹이 당당하다. 은발의 커트 머리를 멋스럽게 빗어 넘기고 허리를 꼿꼿이 세운 그녀가 긴 다리를 움직여 폼 나게 걷는다. 80이라는 연식이 무색하도록 자태와 걸음새가 남다르고 경쾌하다. 인생길 몇 굽이를 돌아온 몸으로 젊은 모델들과 하는 공동 작업이 어찌 힘겹지 않으랴만, 지친 모습은 몸 어디에서도 엿볼 수 없다. 오히려 늦깎이 모델로서 식지 않은 에너지를 뿜는다.
　거뜬히 신체 균형을 유지할 만큼 자기 관리에 철저한 그녀. 지하철 안에서도 '노인석'에 앉는 대신 손잡이를 잡은 채 곧게 서 있는 깡이 빛난다. 그녀를 보면 마음과 육체는 단 한순간도 분리되어 있지 않다는 사실을 알 것 같다. 몸 근육은 물론 마음 근육도 함께 단련시켜 왔으리라. 순간순간 깨어 있으면서 '최대치의 나'로 넓혀 가도록, 생의 저물녘에도 시간에 함몰되지 않도록…. 우연히 마주친 TV 화면 속 그녀에게 곱다시 마음이 사로잡혔다.
　어느 틈에 저녁이 내 몸속을 기웃거린다. 짧은 낮을 경유해 가장 긴 밤에 닿는 것이 생의 시계임을 넌지시 일러 준다. 이제 곧 자기

세상이라는 것을 확인하려는 건가. 겨울 오후의 해가 한 뼘쯤 남아 있는 골목처럼 몸이 자꾸 어둑해진다. 꿉꿉해진다. 남은 볕으로 무엇을, 어디를, 말려야 하나.

느닷없이 무릎이 아팠다. 여태 고분고분 잘 걸어 주고 뛰어 주던 다리가 굽히고 펴는 동작에서 극심한 통증을 호소했다. 몸 주인이랍시고 평생 당연한 듯 부려 먹기만 했으니 무슨 염치가 있겠는지. 내 나름 조치를 취한다. 동네 작은 병원에서 큰 병원으로, 사진 찍고 주사 맞고 약 먹고 가까스로 진정시켜 놓았건만 다리 한쪽에선 또 웬일? 찌릿찌릿 부정적인 기류가 흐른다. 저리고 삐걱대는 관절 따라 마음도 덩달아 절뚝거린다. 기력이 빠지고 의욕이 사라진다.

유엔에서 연령 분류 표준의 새로운 결과를 발표한 적이 있었다. 전 세계인의 체질과 평균수명에 대해 측정했는데 17세까지는 미성년자, 65세까지는 청년, 79세까지는 중년, 99세까지는 노년, 100세 이후부터는 장수 노인으로 분류했던 것. 사람은 수학적 연령과 상관없이 생물학적으로 젊게 살 수 있다는 말이다. 자연의 봄은 계절을 따르지만 인생의 봄은 만들기에 달렸다는 뜻일까. 자신이 뿌리는 긍정적 에너지는 반드시 자기에게로 돌아온다는 말을 새삼 곱씹어 본다.

실제로 봄을 닮은 사람들이 곳곳에 있다. 아니, 봄을 만드는 사람이겠다. 부단한 자기 관리로 왕성하게 활동 중인 실버 모델, 꾸준히 산길을 오른 경력으로 높은 산 정상에서 산악 대원들로부터 팔순

생일상을 받은 할머니 등산가를 보았다. 시간을 거슬러 올라 보면, 정치인이자 작가였던 영국 총리 윈스턴 처칠도 90세까지 적극적이고 생산적으로 자신의 삶을 이끈 철인으로 유명하다. "성공은 영원하지 않고, 실패는 끝이 아니다."라는 등의 어록을 남긴 그는 우리에게 긍정의 기운을 퍼뜨려 놓고 갔다.

작가는 어떤 사람인가. 누가 글을 쓰는가. 글쟁이는 글을 쓰는 공간이 어디든 스스로 만든 감옥으로 즐겨 걸어 들어간다. 자신만의 감옥을 사랑하는 동시에 자기 내면의 무수한 벽과 어둠을 깨고 깨어서 그 너머로 가고자 한다. 남루해지는 자신을 거부하고 다른 세계로 확장해 가는 긴장과 떨림을 사랑하는 사람, 그런 고통마저 기껍게 여기는 사람들일 테다. 내가 아는 선배 시인은 팔순 고개를 코앞에 두고 수시로 덜컥거리는 몸 달래기에만도 여념이 없었다. 안과, 치과, 정형외과, 한의원을 번갈아 드나들었고 몸 몇 군데엔 수술까지 한 상태였다. 그런데도 곧이어 날아온 2년 만의 시조집 출간 소식은 어쩔 수 없이 글쟁이임을 확인시킨다. 밤낮을 지우고 어둠을 잘라 시를 썼나 보다. 작가란 쉼 없이 불태우는 마음의 소유자, 버거운 현실과 부대끼는 상황일수록 봄을 부르고 만드는 '봄 사람'인지도 모른다.

지인이 카톡으로 복수초 사진을 보내왔다. 겨울을 뚫고 나온 노랑 꽃잎들이 여린 듯 강한 봄빛 에너지를 발한다. 잠자던 세포들이

스멀스멀 기지개를 켜는 느낌을 놓치고 싶지 않다. 먼 곳으로부터 찾아든 긍정적인 기운을 조심스레 붙들어 컴퓨터 앞으로 다가간다.

한동안 손에서 멀리했던 자판을 두드리며 글 문을 연다. 두근대는 가슴을 안고 성큼, 글 길에 오른다. 스스로도 모르게 내가 상대에게 준 어떤 에너지도 다시 내게로 돌아온다는 생각을 하며 숨을 토한다. 점점 글 속도가 따라붙으면서 흉곽을 흔든다. 이대로 쭉 가면 마음 물결 청청하게 간직한 봄 사람 하나 만나질까.

봄의 순간은 일생 속에도, 하루 중에도, 매시간에도 존재한다는 걸 잊고 있던 여자가 방금 봄 속으로 몸을 쑥 내밀었다.

제5부

어떤 사람이세요?

그녀와 치마

천생연분

　여느 때와 느낌이 다르다. 삽상한 바람에 물색없이 나부껴도 안 될 성싶고, 나풀나풀 주인의 기분을 부풀려 봐야 할 것도 같은 애매한 분위기를 어쩌나. 무릎 선을 얌전히 덮는 샤넬라인에 하늘거리는 레이스가 치장된 나는 지금 주인과 외출 중이다.
　멀리 하늘로 시선을 던지거나 가로수에 눈을 맞추며 걷는 주인의 발길이 급하지 않다. 아니 처음엔 서둘러 지하철역으로 가던 참이었다. 달라지기 시작한 건 물빛으로 깊어 가는 하늘 아래 죽 늘어선 은행나무 가로수 앞에서다. 잠시 바람의 향을 느끼는가 싶더니 언제 가을이 아파트 동네까지 왔네, 혼잣말을 섞으며 쉬엄쉬엄 떼 놓는 걸음새가 목적지를 염두에 두고나 있는지. 가을에 태어났고 가을을 좋아하며 인생의 가을 길에 접어든 주인은 벌써 단풍 물이 드는가 보다. 덕분에 오늘 뜻밖의 낭만적인 나들이가 될 것도 같고…. 어찌해야 친애하는 주인과 보다 잘 어울릴지 살짝 조심스럽다.

시간이 아무리 흘러도 천생 여자인 주인은 지극히 치마 스타일을 선호한다. 옷장엔 바지가 없는 것도 아니지만 곱고 섬세한 여성의 매력에 맞춤하기로는 단연 치마를 손꼽지 않으리. 민망하게 짧지도 부담스럽게 늘어뜨리지도 않는 길이에다 레이스가 한 줄쯤 장식된 치마라면, 가을 여자에게도 한층 맵시가 살아난다는 걸 모를 리 없다. 나와 동행할라치면 발걸음도 조신해지는 그녀에게 품위를 더해 주고픈 치마의 마음도 혹 알고 있으려나.

세상의 많고 많은 사람들 중에 하필이면 우리 주인과의 인연이 보통 연줄인가. 주인도 숱한 세월과 계절의 파고를 넘어왔지만 나 또한 수차례의 공정을 통과했다. 오롯한 옷 하나가 만들어지는 게 간단한 일이 아니므로. 어느 디자이너가 자신의 마음속 바람과 생각을 디자인하였고, 원단을 고르고 옷본을 뜨고 마름질과 봉제 과정을 거치는 동안 여러 사람들의 분주한 손길이 있었다. 마침내 참한 모양새를 갖추어 매장에 진열되었던 때, 나의 가치를 한눈에 알아본 주인을 만난 날을 잊지 못한다. 자신을 인정해 주는 상대에겐 보답하고 싶은 마음이 절로 솟는 법. 나를 선택해 준 주인을 우아하게 지켜 주겠노라고 거듭 속다짐을 한다.

패션이 아무리 시류를 타고 변화하더라도 주인과 우리는 동반자다. 세상길 내내 정들여 갈 '절친'이다. 미니에서 샤넬라인으로, 롱스커트로, 길이와 폭이 늘어났다 줄었다 할지언정 주인의 '치마 사랑'만은 변함없으니까. 흐르는 시간 따라 이제 다시 하나의 계절을 닫아야 하고 또 하나의 계절을 열어야 하는 나의 주인에게 응원해 주고 싶다. 자신의 잎들을 꽃처럼 물들이는 변화의 시간을 두려워 말고 건너가 보자고. 알뜰살뜰 위하는 사이엔 희비애락의 삶도 따스하게 데워진다고.

애틋한 반려

어렴풋이, 시간 저쪽에서 나부끼는 색색의 내 치마들이 보이네. 겨울이 채 가시기도 전에 치마를 입혀 달라고 어머니를 졸랐던 유년의 기억이 떠오르고 있어. 설날이면 색동저고리에 빨강 치마를 입는다는 기대로 얼마나 손꼽았는지. 잠든 내 머리맡에서 홀로 앉아 인두로 솔기를 꺾어 다려 가며 밤새워 손바느질해 주셨던 치마 저고리. 그건 당신의 모든 걸 주어도 아까워하지 않으며 이 세상에서 언제나 내 편으로 존재했던 한 분의 곡진한 정성과 사랑이었지.
 여고 시절의 하얀 블라우스에 받쳐 입은 까만 교복 치마도 다가오고 있네. 키 순서대로 번호를 가졌던 우리 반 순정한 소녀들이 아른거려. 제철 만난 매미들처럼 목청을 뽑는 웃음소리로 떠나갈 듯했던 교실, 반짝이는 눈동자들, 그 속에서 이성에 대한 관심도 빛을 내기 시작했었지. 다시 돌아갈 수 없는 시간이며 다시는 입을 수 없어 더욱 그리워지는 교복 치마는 생애 한 번, 초록의 시절이었어.
 날마다 가슴속에 봄바람이 들락거리던 때에 유행했던 미니스커트는 꽃잎 나이만큼 산뜻했지. 무릎 위 한 뼘 넘게 올라간 치마로, 버스를 타고 자리에 앉으면 손수건이나 가방으로 무릎을 덮어야 하는 수고가 따랐지만 당연히 괜찮았어. 경제적으론 어려웠어도 우울증이니 자살이니 하는 뉴스를 지금처럼 흔하게 들어 본 적도 없었네. 주어진 자리에서 열심히 사는 것 외에 다른 방법은 몰랐던 사람들이지만 한사코 희망적이었거든. 미니스커트에 하이힐을 신고 걸어가면 귓가를 스치던 소리가 "참 좋~을 때다."였어. 그 의미를 알 겨를도 없이 후딱 지나 버린 꿈의 시간대였나 봐.

다소곳해 보이면서 세련미를 지닌 샤넬라인 치마는 지금도 내 곁에 있네. 몸가짐은 물론 무람없이 날뛰던 마음도 수그러들어 발걸음을 사뿐사뿐 내딛게 하지. 끝단에 레이스를 덧달아 입으면 세월이 나를 더 지나간 다음에도 입을 수 있을 것 같아 아끼는 마음이 더해져. 삶이 가끔 가슴을 쿡쿡 찔러 올 적엔 일부러라도 예쁜 레이스가 달린 샤넬라인 치마를 차려입고 나서지. 그러면 고단하고 시들한 일상이 슬그머니 한 발짝 물러서게 하는 기특한 나의 단짝이야.

샤방샤방 화사한 셔링 치마는 봄바람을 담았어. 잔잔하게 주름 잡힌 얇은 치맛자락이 걸을 때마다 바람결에 산들거리지. 설마하니 연한 풀잎 닮은 치마 하나로 이제 와 예전으로의 회귀를 꿈꿀까만, 작은 설렘이라도 아직은 마다하지 않으려고 해.

모두가 나와 더불어 살아온 살갑고 애틋한 반려이지. 치마 입기를 본능적으로 좋아했던 한 여자아이가 청춘기를 지나고 어쩌다 중년이 되고 속절없이 노년의 길에 섰지만, 색감 고운 치마엔 세월도 나이도 지워 버린 여자가 들어 있어. 이만하면 우린 숙명적 관계 아닌가.

하지만 가장 그리운 치마 중의 치마는 어머니의 긴 무명 치마지. 내 아픔을 품어 주고 모자람도 감싸 안은 넉넉함과 푸근함의 이름씨. 기억하는가, 어머니의 치마는 마냥 가냘픔이 아니라는 것. 세상을 움직이는 부드러운 힘을 품었다는 것. 애간장이 말라붙어도 지긋하게 가정을 가꾸고, 당신의 시절이 저문 즈음엔 또 다른 사랑을 보듬어 내는 절절한 생의 표상. 어머니의 치마가 눈물 나게 빛나는 이유이지.

한차례 가을바람이 나뭇잎을 흔드네. 가로수 은행잎들이 노랑나비 떼인 양 일제히 바람을 타고 있어. 사방 천지가 한들한들, 애연한 것들도 찬란히 빛나는 이런 황홀경이라니! 그러기에 카뮈는 말했지.

"모든 잎들이 꽃이 되는 가을은 두 번째 봄이다."

이 두 번째 봄날에 사랑스러운 내 단짝과 뼈 없는 바람에라도 실려 볼까. 세월도 내려놓고 왠지 모를 서러움도 지레 날아가 버리도록. 아무렴 우리는 천생연분, 애틋한 반려다. 바람인들 그냥 불어왔을라고. 흔들리고 가슴 저려 가며 한 계절이 익는 거라네.

오후의 독서

적막의 한쪽을 깨며 신호가 왔다. 소통 부재의 장막을 걷어 내라는 듯 애타게 부르며 숨넘어가는 '카톡카톡'. 성마른 기계음에 가까스로 눈꺼풀을 들어 올리며 스마트폰 창을 연다. 색깔 찬연한 영상이 깔리면서 세상 이야기들이 쏟아진다. 금방 풀어놓은 화제로 찧고 까불고 와그르르 끓어 넘친다. 잠시 듣고 보는데 소리에도 열기가 느껴진다. 순간, 뒤 베란다 보조주방에 얹힌 '노래하는 주전자'가 떠올랐다.

"그래! 뭐든 펄펄 끓여 보자."

청청한 오월에 하필이면 감기에 사로잡힌 일주일째다. 몸속을 휘돌아 나오는 바람이 으슬으슬한 만큼 마음도 위험 지대에 있다. 누가 다정한 온도로 말을 건다면 눌러둔 감정들이 어디서 빗물 새듯 줄줄 흘러나올 것 같고, 또 누군가 신경 줄을 긁으면 다시는 그 사람 안 볼 것도 같은 극단적인 심사가 교차한다. 무한 고립의 늪에서 대책 없는 허虛에 빠져 내내 허우적거린다. 한기 때문이다. 몸 어디쯤 똬리를 튼 그것은 감기 바이러스에 침범당하기 훨씬 전부터 감기를 치러 왔다.

　통유리창 안이 부산해진다. 오랫동안 정물인 양 앉혀 두었던 주전자에 물과 대추를 가득 채워 달이는 중이다. 파랗게 일어난 불꽃이 춤사위를 펼치며 으르고 구슬리자 냉랭하던 주전자가 용케 제 기능을 살려 낸다. 삐~ 삐~ 삐이익~ 환희의 가락을 길게 뽑는다. 무덤덤한 표정과는 달리 속으론 열정의 불씨를 꺼뜨리지 않고 있었나 보다. 아니, 활활 타오른 불꽃 위에서 열렬했던 삶의 노래가 절로 흘러나왔는지도 모른다. 노랫가락이 고조된다. 끓는 숨을 토해 내며 완숙의 음절을 향해 절절해지기까지 한다.

　살아 있다는 건 뜨거움일까. 산다는 건 누구에 의해, 무엇으로 말미암아 뜨거워지는 것일까. 넉넉한 몸통에 엉덩이가 팡파짐한 스테인리스 주전자를 사다 놓고 엄마는 날마다 보리차를 끓이셨다. 잘 덖은 보리로 식구들이 마실 물을 우려내며 연하게 웃음 지으시던 어머니. 말간 빛깔에다 쉽사리 녹슬거나 찌그러지지 않으며 독특한 소리 기능을 가진 주전자를 '노래하는 주전자'라고 흡족해하셨지. 커다란 주전자에서 끓여 낸 보리차로 혹한의 저녁도 구수하고 넉넉했다. 어버이는 자식에게 온기의 근원지이며 가장 따뜻한 보호 창이었던 것을….

　오늘은 뜨거운 대추차 한잔을 들고 거실 창 앞에 다가선다. 통유리창 밖으로 보이는 낯익은 아파트 광장이 초록 화폭이다. 왕성한 잎들의 푸른 기세에 오래된 상가 간판들이 주눅 든 모양새지만, 그래도 서로 봐 달라며 소리 없는 아우성을 물고 있다. 금샘사우나, 국제어학당, 참 고등수학, 늘사랑 가정의학과 등등. 층을 이룬 간판들을 일별하고 정원 가득해진 동백나무 모과나무 향나무 홍가시나무 이파리들을 대추차에 타서 후후 마신다. 아, 뜨겁고 시원한 맛. 뜨거움과 시원함이 묘하게 공존하는 맛. 오늘 특제 감기약의 효험을 기대하며 한기와 열기 사이에 내가 서 있다.

날이면 창 안팎에서 하루를 극복하고 열광하고 열망하는 일. 그게 쌀쌀맞은 세상을 몸으로 데우며 사는 일과다. 창을 열고 닫고 드나들며 수많은 오늘이 갔다. 청춘이 지나가고 절정의 날이 넘어갔다. 한 생애가 간다. 창이 있어 안에서도 세상과 통할 수 있고 창 안에서 외려 추위를 타기도 한다. 꽉 막힌 벽에 숨통을 틔워 주고 햇볕이며 계절이 넘나들게 하던 베란다 창들이 소곤거린다. '열고 닫음은 세상이 달라지는 것'이란다. 창은 소통을 전제로 태어났다. 일순간에 문도 되고 벽도 되는 창의 아이러니에서 삶의 아이러니를 함께 본다.

사람 몸에도 단절과 소통의 틈바구니를 오르내리는 창이 있다. 하루에 몇 번씩이나 명암이 교차하는 마음과 수없이 열고 닫히는 눈은, 따로 또 함께인 창이다. 마음이 어두우면 시야도 그늘지고 사는 일조차 시들해 버린다. '마음의 창을 닦는다'는 말도 삶의 빛을 잃지 않으려는 어기찬 다짐이리라. 그러기에 시린 것들을 따뜻이 덥히고 껌껌한 것들을 환하게 밝히는 일이 삶이기도 하겠다. 눈을

뜬 순간만큼은 혼신으로 창을 들어 올리고 삶을 열렬히 데워야 할 일생—生이다.

  햇살도 창창한 봄날에 감기에 붙들려 책 한 권을 읽고 있다. 가능한 두 눈의 창을 크게 열고 여태껏 '나'이면서 내게 가장 난해한 책을 열독한다. 반백 년을 지나고 이순의 고개를 넘고 무수한 시간의 지층을 건너오는 동안 풀기가 가셔 버린 책. 변형된 모양새와 소진된 열정과 축적된 나이테도 짚어 가며 내 이력과 영혼이 깃든 몸을, 찬찬히 읽는다. 살려면 뜨거워 봐야 한다는 것. 하루를 살아도 새날을 빚어야 할 사람으로 삶의 동력을 잃는다는 건 대죄다.
  뜨끈한 대추차가 목줄을 타고 내리며 "뜨겁게 살라." 몸을 다독여 준다. 창밖 오후 햇살이 눈을 반짝이며 튀어 오른다.

바람손님

물속에 반쯤 잠긴 징검다리를 건넌다. 미끄러져 가는 물살과는 달리 네모반듯하게 다듬어진 디딤돌들. 울퉁불퉁 정감 넘치던 자연 그대로의 모양새는 아니나 온천천은 아득한 시간을 소환한다. 쨍쨍한 햇볕 아래 물놀이로 풍덩거리던 한때가 여울져 오면 공연히 이끼 두른 돌다리를 건너가 본다.

누구든 삶의 징검다리를 건너왔고 건너간다. 젊었던 아버지와 어머니는 세월 따라가 버렸고 어렸던 나는 뼈마디 시려오는 계절로 들어섰다. 사방 각지어 선 아파트와 곧게 뻗은 도로, 소음을 흩뿌리며 달리는 차량 행렬이 어질어질한 현재를 알려 준다. 이마를 맞대고 꺾어지던 골목길과 너른 공터와 마당이 있던 집들은 사라졌다. 길보다 몇 미터 낮은 온천천이 오랜 역사인 양 담담히 흐른다. 변덕스러운 도시에도 초연하게 흐르는 것이 있어 유정한가 싶다.

추억의 장소는 애잔하기도 정겹기도 하다. 부산의 진산인 금정산에서 발원하여 금정구, 동래구, 연제구를 거쳐 흐르는 온천천은 여름날 아이들에겐 물놀이장이 되고 엄마들에겐 빨래터가 되어 주던

곳. 부근의 평야가 시가지화되면서 많은 수난을 겪었다. 계곡의 건천화가 발생하고 각종 오염 물질로 몸살을 앓다가 마침내 자연 생태 하천으로 복원됐다. 숱한 바람이 생성되고 꺼져 가는 것을 밤낮 몸으로 겪었을 온천천은 그러나 유유하고 유장하다. 도시의 무성한 욕망과 온갖 불화와 개발 논리의 모순을 모르는 척, 아무 일도 없는 척, 낮은 청음의 가락으로 천변을 울리며 흐른다.

천변 위로 지나간 것들이 얼마나 많았을까. 계절이야 우주 법칙대로 순환한다지만 세상은 너무 변했고 사라져 간 사람은 다시 오지 않는다. 스러지는 것과 멀어지는 것들이 이즈음 유독 감성을 긋는 까닭은 속수무책 푸른 물을 날려 버려서인가. 삶은 엄청 복잡해졌는데 마음은 더욱 공허하다. 올봄 환하게 피었다가 쫓기듯 지고 만 꽃의 그 속절없는 소멸도 쓰리다. 사람들은 지금 '괜찮지 않음'에 고달픈 자신을 위무하려고 천변을 걷는지도 모른다.

뭔지 막막하고 불확실하여 암울한 날이다. 봄이 왔어도 흐릿한 공기는 공포의 물질이며 언론 기사는 우리의 일상을 움츠러들게 한다. 경제는 위기, 외교는 붕괴 상태, 세금은 폭탄이라는 보도가 이어진다. 의욕이 바닥으로 곤두박질치고 숨쉬기가 아프고 우울의 수위가 높아져도 구심점을 잃지 않고 걸어야 한다. 오직 걸음에만 집중하려 애쓴다. 흘러가는 온천천처럼.

나지막이 울리는 물소리를 배경으로 천변의 풍경이 마음에 비쳐 들기 시작한다. 자연이 채색해 놓은 연초록 풋잎과 생기 돋은 풀꽃들이 바짝 다가와 '지금 봄!'이란다. 초록이 상큼한 파장인 줄 예전에도 알았으나. 자연은 제 자신조차 잘 정의하지 못하는 사람에게도 위안과 안식의 길 하나를 언제든 내어준다. 춘하추동 새롭고 색다르게. 그런 곳을 끼고 있다는 건 불편한 속내 마다하지 않고 받아주는 '절친'을 곁에 둔 격이랄까. 몸과 마음이 순응하니 발걸음도 가벼워진다.

"인간은 걸을 수 있는 만큼만 존재한다."
"내 다리가 움직이기 시작하면 내 생각도 흐르기 시작한다."
사르트르와 헨리 데이비드 소로의 이 말들에 긍정적일 수밖에. 두 무릎으로, 두 다리로, 두 발로, 딛고 기고 걷는다는 건, 한 사람의 평생과 다름없다. 넘어질 듯 위태위태하면서도 앞으로 내딛는 착실한 보행이다. 미풍에 살랑거리다가도 몰아치는 광풍엔 외려 꿋꿋해지는 걸음이며, 뒤에 오는 누군가의 길잡이가 되는 행로이기도 하다. 일생일세一生一世의 노정, 그러기에 생멸의 경계선 위에서 사람들은 한사코 균형을 잡으려고 움직인다. 걸어온 내력이 만만찮은 만큼 길의 의미도 깊어진다.

세상길은 고스란히 바람맞이 길이다. 삶에서 닥치는 고통 우울 눈물 환희도 예상치 못한 바람 손님들이었다. 손님이란 머물다 가는 존재, 내일도 모레도 바람은 매번 다른 모습으로 불어올 것이고 희비쌍곡선의 그림자를 남기며 지나갈 것이다. 때론 깨달음과 새로움의 버전으로 번갈아 찾아왔다 간다. 사납고 맵찬 바람들이 따가운 상처를 안겨 주기도 하지만 모두가 나를 단단히 키워 주고 영혼을 성장시켜 줄 자양분이다. 그러니 오라, 소중한 시간들이여. 잠들지 않는 바람이 있어 인생은 자신을 완성하고 세상은 다양한 모습으로 빛나지 않는가. 스산한 바람도 푸르게 자라서 길이 되는 곳, 세상은 그 자체로 수행터인 것을…. 뭔가 좀 심플해졌다. 제법 걸었나 보다.

다행히 사람의 가슴엔 스스로 기운을 북돋우는 것이 있다. 사는 일이 만만찮기에 예비해 놓았을 비약祕藥, 끊임없이 희망을 재생시키는 천연 배터리, 바로 환경 조건 불문의 성실하고 선한 '꿈'이라는 이상향의 에너지 아닐까. 절박한 상황일수록 꿈은 더욱 절실해지고 서럽고 시려야 어디든 다다를 수 있다. 혹 느닷없는 신종 바람 손님이 대책 없는 아픔을 몰고 와 꿈의 약발이 위태해진다 한들, 사람들은 손님 치르는 법을 몸으로 익히며 나아간다. 넘어지고 일어서면서 길잡이가 되어 갈 때 성취감도 커진다.

얼마쯤 왔는지 어떤 마음은 갈피가 잡히고 또 어떤 마음은 흘러간다. 허공중을 불어 다니는 게 바람이고 휘돌아가면서도 흐르는 게 물이라면, 바람과 물살을 헤쳐 걷고 꿈을 엮는 사람에겐 감히 생명生命이라 부를 수 있으리라. 이마에 닿는 바람이 한결 시원하다. 마음이 개운해 온다. 한참 걸었다.

어떤 사람이세요?

조물주가 점지한 인체 조직 중 하나라도 귀하지 않은 게 있을까. 입 한 개로 너무 많은 말을 방출하지 말라는 뜻인지 목이 자주 쉰다. 가늘고 여린 본래의 소리가 걸핏하면 탁음으로 가라앉고 잠에서 막 깬 듯 파열음으로 갈라진다. 언제부터였는지 아슴아슴한데 불편한 것들이 허다한 세상에서 쉰 소리 좀 나기로 뭐 대수이랴 싶었다.

"역류성 식도염이 있네요. 그거 왜 무서운지 모르죠?"

대학병원도 아닌 동네병원에서 1시간이나 기다려 만난 의사. 식도염이 왜 무서운지 모를 거라는 한마디로 사람을 꼼짝 못 하게 옭아맨다. 안경 너머로 목 안을 들여다보며 사진을 찍더니 대기하던 다른 환자의 처방전을 써 주고 다시 나와 마주하셨다. 인후두기관염이 꽤 진행된 상태이며 3개월 정도는 치료 약을 복용해야 한단다. 호전되었다고 약을 끊으면 재발과 동시에 치료 기간도 더 길어진다는 말로 못 박으신다.

"베개 높게 하여 주무시고, 따뜻한 물을 자주 드세요."

내게 식도염이 있다는 건 아는 사실이지만, 의사 선생님이 저리 바쁘시니 병을 잘 살펴 주기나 하신 건가 의심이 되었다. 환자가 많다는 것은 그만큼 명의라는 의미인가. 지하철역 앞이라는 편리성에 끌려 들렀다가 기다린 시간이 아까워 눈코 뜰 새 없는 노老의사의 처방에 기대어 보기로 한다. 이참에 시난고난하는 고통 줄에서 기필코 벗어나 볼 각오도 굳힌다.

약 효과가 빨리 왔다. 일주일분의 약 중 하루분을 먹으니 잠겼던 목소리가 풀렸다. 한데 느닷없이 설사다. 엉뚱한 징후에도 약의 부작용인 줄 인식조차 못 하다가 뱃속을 좍좍 훑어 내고서야 병원을 찾았다.

"항생제는 뺄게요. 약 먹고 다음 주에 오세요."

뭐야 이 의사, 환자에게 사전 설명도 없이 항생제부터 썼다는 거잖아. 평소 처방약에 대해 약사에게 캐묻던 나는 어딜 가고 처방전조차 제대로 읽어 보지 못한 내 정신도 의심스럽다. 인과자책으로 속은 쓰리고 노의사에게 보냈던 믿음은 흔들렸으나 다시 일주일분의 약을 받았다. 환자가 의사 아니면 누굴 믿겠냐고 긍정 쪽으로 마음을 급선회시킨다.

사과를 먹다가 아무 맛이 없어 내려놓았다. 황금빛 생생한 배도 맛이 없어 깍두기 김치를 담았다. 이상하다. 단팥빵도 단맛이 안 나고 달달하던 믹스커피를 마셔도 달지 않다. 설탕 한 스푼을 떠먹어 봐도 모래알처럼 버석거리기만 한다. 하, 지금 내 몸 어느 감각기관이, 어떤 신경세포가 단맛을 감지하지 못하는 게 틀림없다. 갑자기 왜? 머릿속이 우르릉우르릉거린다.

몸도 이런저런 독한 약 삭혀 내느라 참고 참았을까. 누르고 견디다 때려눕히진 못하고 그나마 최소한도의 발작일까. 단맛은 물론 짠맛까지 희미해지더니 급기야 먹는 음식마다 맛이 사라졌다. 덜커덕, 바윗덩이 하나가 굴러와 내 흉곽 어디쯤에 박힌다. 아아, 맛을 잃어버린 세상이란 깜깜한 절벽. 맛이 느껴지지 않는 음식은 단순히 배를 채우는 먹이. 여태껏 맛의 진수를 제대로 알지 못했구나. 무학無學 무식無識으로는 산다지만 무미無味로야….

5주째 복용해 오던 약과 병원 출입에 '일단 멈춤' 봉쇄를 해 뒀다. 병원 행行만이 능사는 아니라는 생각이 불쑥 들어서다. 약을 끊고 밀려오는 불안, 초조, 안타까움을 가라앉히며 한동안 느낌 안에서 느낌을 관찰했다. 한 달이 지나는 시점에 다행히, 아니 고맙게도 차츰 맛이 되살아나기 시작한다. 달콤새콤한 사과, 달고 시원시원한 배, 단물이 입안에서 톡톡 터지는 귤과 오렌지 맛이 생생하다. 그래, 이 맛이야. 생生놀이의 고단함을 씻어 줄 만큼 전율이 이는 맛! 살 것 같다. 달고 쓰고 맵고 짜고 신맛을 침샘의 돌기들 위에 올려놓는 일은 인생의 백미다. 선하고 곱고 다정한 그 무엇, 낯설던 행복이 가까이서 웃는다.

살면서 맛볼 수 있다는 감격을 잊을 뻔했다. 아픔은 순간순간을 사무치게 만든다. 어쩌다 미각이 사라지는 경험을 하며 새삼 미감

味感이 주는 수많은 기쁨을 발견한다. 고난을 겪고서야 비로소 뜻을 읽는 이 아둔함은 필시 거듭되리라. 큰 소리로 허풍 떨어도 영육의 합체로서 불완전한 존재이며 갈비뼈 사이엔 선천적 외로움을 지니고 있는 유약한 인간이다. 생의 무궁한 파노라마 속에 겪는 위기와 갈등, 병듦이 낯설지 않다. '살다'는 쓰리고 위태로운 일이면서도 따뜻한 피가 흐르는 경험이며 경이적인 파동인가.

절대 원치 않는다 해도 아픔에 부러지는 시간을 본다. 소리 없는 비명이 가득한 세상을 살며 푸석푸석 무너지는 소리들이 도처에 쌓인다. 들어주고 바라보고 보속의 거울을 닦아야 하는 건 살아 있는 사람이기에 가능한 일일 테다. 바글바글 들끓는 속을 잠재울수록, 넘치는 입말을 절제할수록, 미처 알아채지 못한 소리와 사물을 만난다.

알고 보면 혹사당한 내 몸도 절박한 비명을 지르기 전에 작은 소리를 내고 있었다. "목이 따가워", "어깨가 뻣뻣해", "머리가 어지러워", "온몸이 피로해". 수시로 경고음을 보내왔건만, 숱한 불협화음에 허둥거리느라 제바람에 흘려보냈다. 요동치는 세상에서 사람으로 산다는 것, 그보다 난해한 과제가 있을라고. 현명하고 부드러운 내가 어리석고 나약한 나에게 묻는다.

"제가 당신께 어떤 사람이길 바라시나요?"

종지기

　기억 속을 넘나드는 소리가 있다. 어릴 적 동네 하나밖에 없는 교회당에서 울려 퍼지던 아날로그 종소리다. 잠든 세상을 청량한 음으로 깨우던 새벽 종소리, 수요일과 일요일 저물녘을 둥그렇게 감싸던 저녁 종소리. 마음 안에 담겼던 그때의 종소리가 이따금 시간을 가르며 달려온다.

　그 시절 아이들이 놀이 삼아 갈 수 있는 별다른 곳이란 교회밖에 없었다. 성탄절 행사에서 〈고요한 밤 거룩한 밤〉 음률에 맞춰 생애 최초 무대에 섰던 계집아이는 종소리의 여운이 더없이 좋았다. 하루도 어김없이 종을 치는 종지기가 무척 궁금했다. 아마 팔뚝 굵은 아저씨 아니면 키 큰 할아버지일 거라고 막연한 상상을 하고 있었다. 한데 종지기는 뜻밖에도 교회 사택에 홀로 사시는 할머니임을 알았다. 높은 종탑에 달린 쇠 종을 울려야 하는데 가녀린 할머니 종지기라니, 놀랍고 신기한 사실이었다. 그러면서 종소리는 한결 더 정겨워졌다.

　종소리와 함께 두렵고 슬펐던 장면도 떠오른다. 추석날 아침이었다. 사납게 갈퀴를 세운 어마어마한 태풍이 세상을 덮쳤다. 길길이 날뛰며 몰아치는 바람과 퍼붓는 빗줄기에 위험 수위를 넘긴 저수지가 순식간에 범람했다. 속수무책, 온통 물바다였다. 가재도구가 둥둥 떠다니는 가운데 사람들만 간신히 동네 어귀로 대피했을 때다. 누군가의 고함 소리가 들렸다.

"종탑이 넘어간다~"

미친 바람이 교회 종탑도 종지기 할머니마저도 쓸어 간다는 예고였던가. 종지기에겐 세상 무엇보다 우뚝했을 종탑과 더불어 할머니는 먼먼 길을 떠나셨다. 우리 모두를 남겨 두고 무심한 종소리가 되어.

상여 뒤를 따라 본 것도 난생처음이었다. 누가 시킨 일도 아닌데 언제 어른들 틈에 끼어들었는지 모른다. 교회당 마당을 나와 산으로 향하는 상여를 뒤따르며 〈날빛보다 더 밝은 천국〉 "요단강 건너가 만나리…"를 따라 불렀고 눈물방울을 매단 채 동네길 끝까지 배웅했다. 그렇게 종지기 할머니와 작별 후 종탑이 다시 세워지기도 전에 이사를 왔던 아이에게 그곳은, 가장 순수하고 신비한 우주였다. 사람과 사물이 유정하게 맞닿은 첫 세상이었다. 태어난 곳은 아니면서도 모든 것이 처음인 마음의 고향으로 간직되었다.

혼잡한 빌딩 도시가 자연 동네와는 딴판이듯, 요란하게 딸랑거리는 소리와 고요하고 묵직하게 울리는 종소리는 사뭇 다르다. 깊고 긴 여운을 남기는 울림소리엔 사람의 영혼을 맑히는 파장이 실려 있다. 가만히 듣기만 해도 그리움 같은 것이 화선지에 먹물 스미듯

안으로 젖어 든다. 산사의 종소리가 마음 줄을 흔들고, 제야의 타종 소리가 가슴을 치는 것도 그런 연유이지 싶다.

깊이와 울림을 지니려면 자신을 온전히 바쳐야 한다. 그것은 충실하고 감동적인 삶을 만들어 가는 길일 수도 있다. 그윽한 소리를 담고 태어나는 종은 숱한 환골탈태의 과정을 치른다. 한갓 쇠붙이였을지언정 탁한 성질을 뭉개고 녹이느라 죽었다 깨어나는 담금질을 수없이 겪어 낸다. 불순물을 버리고 말갛게 걸러져도 다시 어느 장인의 뼈아픈 손을 거치고서야 비로소, 거룩한 소리를 품은 몸으로 거듭난다. 아름다운 종소리를 멀리 퍼뜨리기 위해 종은 더욱 제 몸을 쳐야 한다던, 어느 수필가의 토설은 '글쓰기'를 시작한 나에게 또 하나의 울림으로 닿았다.

글 동네에 들어서고도 수없는 세월이 흘렀다. 종지기가 경건하게 종을 울려 소리를 내보낸다면 '글 종지기'는 자신 속 울림으로 혼신의 글 소리 하나를 토해 낸다. 기억과 사고와 심상과 성찰을 포함하는 것. 다분히 기계적이고 계산적인 세상에서 화끈거리는 머리와 울컥울컥하는 속을 단속하기 위해서라도 자처하여 떠안은 글 짐이건만, 글이 사람을 넘어설 순 없는 법인가. 갈수록 아스라한 것이 나와 글과의 관계다.

그렇더라도 고난을 동반한 '글쓰기'가 삶의 길라잡이여서 다행이다. 수시로 생각의 틀에 갇히고 과욕의 문턱에서 깨어지면서도 이제 와 비켜설 수도 없는 길. 시행착오를 거듭하는 빈약한 글 형편이지만 감히 '종소리 바라기' 노릇을 마다하지 않는다. 헤맨다 하여 다 길을 잃는 건 아니기에 염원만은 오로지 글 종지기다. 인간적인 더운 가슴으로 세상을 보고 제 몸속을 울려서 소리를 내는 고독한 글지기. 꼬인 것을 펴고 풀며 스스로 절절한 울림통이 되자면 얼마나 많은 겸손과 인내와 의지가 필요할지, 그 감감한 길 위에 서 있다.

뎅~ 뎅~ 뎅~

종지기가 치던 옛 아날로그 종소리가 맴을 돈다. 푸릇하면서 그윽하고 맑아서 눈물 나는, 우리의 처음을 일깨우는 죽비 소리.

아버지는 무엇으로 사는가

이런 폭서에 이사 중이라니. 엘리베이터에 오르자마자 숨이 턱 막힌다. 거울이 부착된 벽면들을 모두 두꺼운 담요로 둘러쳐 놓았다. 침침한 통 속에 꼼짝없이 갇힌 느낌이다. 오전에 이사하는 걸 보며 나왔는데 아직 이 상태인가. 갑갑하고 위태위태한 공간에 혼자 하염없이 놓인다면, 하는 불길한 생각이 와락 든다. 날마다 오르내리는 엘리베이터이건만 이럴 땐 음침한 감옥이 따로 없다.

올여름은 지독한 더위다. 머릿속이 멍하고 가슴이 답답하다. 식욕이 사라지고 생각이나 의욕도 달아나 버린다. 두 손과 두 발마저 다 놓게 만든다. 오로지 화끈거림뿐이다. 자연은 가끔 오만한 인간들을 호되게 몰아붙이는 침묵의 응징자이기도 하다. 대자연에 저지른 우리의 죄를 들춰 본다면 인과법칙에서 벗어날 수 없을지니, 맹렬한 불더위가 사람의 인내심을 시험하는가 싶다.

엘리베이터 문이 닫히려는 찰나 이삿짐센터 아저씨들이 탑승한다. 연세가 좀 들어 보이는 한 분과, 40대 초반쯤의 젊은 남자다. 입고 있는 옷들이 땀에 푹 젖었다. 몸에 휘감겨 물이 뚝뚝 떨어지는 옷이 근무복인지 찜질방 복장인지 의심스러울 정도다. 뭘 좀 사려고 편의점에 들어가려다가 창피해서 그냥 나왔다는 말을 주고받는다.

"오전에 우리 위층에서 이사 나갔는데 또 몇 층에서 이사해요?"

지금은 이사 오는 거란다. 온종일 엘리베이터가 이 모양인 까닭을 알 만하다. 이사 나간 당일에 곧바로 새 주인이 입주하는 건 극히 드문 일이다. 인테리어 작업은 생략하고라도 최소한 도배조차 할 겨를도 없는 시급한 사정이었던가. 그나저나 기록적인 폭염에 이삿짐 나르기가 한층 힘드시겠다고 하니 갑자기 젊은 아저씨의 표정이 생생해진다. 사근사근한 대답이 마치 이웃집 누님을 대하는 듯하다.

"그래도 아이들 학교에 자~알 다니고 식구들 모두 잘 지내는 걸요."

무슨 말씀을, 일할 수 있어 행복하답니다, 하는 얼굴이다. 선하고 성실한 가장이라는 짐작이 간다. 자신보다 소중한 식구들 배 채우고 화단의 꽃처럼 올망졸망한 자식들 공부시키는 일이 오롯한 생의 목표인 아버지. 그를 이토록 강렬하게 받쳐 주는 에너지의 원천이 '아버지'라는 이름임을 의심치 않는다. 땀을 흠뻑 뒤집어썼어도 뜻밖에 엄청 미남인 얼굴에서 활기찬 그의 신실함이 읽혀 나도 모르게 미소를 짓고 만다.

단언컨대 아버지는 정녕 위대하고 거룩하시다. 가족을 품기 위한 일이라면 섶을 지고 불구덩이라도 뛰어드는 이 땅의 수많은 가장들이 생각난다. 짧은 경제수명의 불안이나 갖은 악조건에도 고군분투

하고 있을 우리 곁의 아버지들이 스쳐 간다.

어느 까마득한 날, 젊고 힘 있는 우리 아버지가 보인다. 차멀미가 심하던 엄마와 어린 우리를 끼고 진해에서 부산으로 이사를 오던 날이었다. 멀미로 노랗게 기진해 버린 식구들 챙기랴, 이삿짐 간수하랴, 동분서주하시던 모습이 겹쳐진다. 그때의 아버지는 나와 동생들에게 가없는 하늘이었다. 아버지는 기분이 좋을 때도 헛기침 한 번이면 그만이고, 두렵거나 불안한 상황도 무심한 얼굴로 넘겨 주어 가족을 안심시켰다. 그렇게 사시느라 아버지께서는 슬플 적에 울어 볼 시간도 장소도 없었을 게다.

세상 비바람을 대신 맞아 주신 분, 열심히 사는 일에 한생을 보내고 홀연히 저물어 가신 분, 이제 와 생각하니 누구보다 외로웠을 나의 아버지다. 그리운 이름은 등 뒤에 남겨지는 것일까. 묵묵하다가도 가슴 어디쯤에 가서 기어이 따가워지는 '아버지'는 내게 서럽고 쓸쓸한 이름으로 남았다.

시대가 바뀌고 시절이 뒤숭숭해도 아버지는 여전히 평범하면서 위대하다. 어찌 하늘 저 높은 곳에 유일하시다는 그 어떤 분만이 '거룩하신 아버지'이겠는지. 세상 밖에 있든 안에 있든 아버지는 오직 '아버지'라는 이름의 힘으로 길이 없는 곳에서도 길을 낸다. 모진 바람이 흔들고 덮친다 한들 우직하고 끈질긴 뿌리로 불철주야 헤쳐 나아간다. 그런 아버지에겐 가족이 삶의 활력을 불어넣는 동력이다.

덕분에 오늘 콘크리트 건물 안이 후끈한 사람 냄새로 채워진 것 같다. 숨 막히는 더위 속에 무거운 짐을 나르면서도 흐뭇해하던 이삿짐센터 남자나, 식구들을 끼고 폭염 속을 달려온 위층 남자나, 한결같은 이름 '아버지' 아닌가. 때마침 불어온 바람이 아버지들의 등에 달붙은 불더위라도 조금 덜어 가 준다면 좋겠다.

서책書冊

　'한평생'이라는 우여곡절의 수업에 사람만큼 살갑고도 난제인 책이 있을까. 우리는 가끔 치명적인 화상을 남기는 불꽃 사랑을 한 번씩 꿈꿔 보곤 한다. 그런 내용의 책을 읽으면 그 사랑의 마법에 걸려 보길 원한다. 그렇다고 오랜 관행과 관습, 고착 관념의 두꺼운 껍질을 깨기란 버겁다. 그보다는 감정을 묵독하는 양 안으로 싸매는 데에 더 익숙해졌을 수도 있다.

　그녀가 그 남자를 만난 건 인사이동으로 전출을 갔던 직장에서다. 그는 표지부터 호감을 살 만하였다. 잘생기고 선하고 지적인 분위기가 흘렀다. 공기업 사원으로서도 유능했던 그는 언제든 펼쳐 볼 수 있는 책처럼 가까이 있었다. 책처럼 반듯해 보이면서 여자에겐 더욱 매너를 차리며 누구보다 다정하게 다가왔다. 습관적으로 자신을 여미기만 했던 그녀, 타고난 연애 기질의 남자 앞에서 마음이라는 책은 어떻게 읽어야 한다는 생각까진 해 보지 않았던 터다.

　그녀가 새 업무를 익히는 데에 길라잡이를 자처하던 책. 올드미스인 그녀보다 연하이며 기혼자인 그의 스캔들을 어느 날 동료가 슬쩍 귀띔해 줬다. 얼마 전 타 지점으로 전출 간 아가씨와 전부터 사귀고 있다는 거다. 겉장을 채 넘기기도 전에 예상치 못한 반전이었다. 썩 괜찮은 책이라고 여겼던 그에게 그녀는 가차 없이 낙인 아닌 낙인, 주홍글씨를 찍어 놓아 버렸다. 책은 잠자는 무엇을 깨우고 시야를 틔워 주는 가치 있는 진실이어야 하며 그 기쁨으로 삶이 풍성해진다는 것, 공감을 얻는 문장은 모름지기 의미와 내용이 규칙이나 형식에 맞게 써져야 한다는 것 등. 아무튼 책에 대한 그녀의 주관 탓이었을 게다.

  한데 사람의 마음이 꼭 뜻대로만 따라 주던가. 생각과 감정은 뜬금없이 얇고 여리고 가벼운 경우가 허다하다. 어느 날 회식 자리에서 그녀가 흘린 초고추장 한 방울이 치마 끝자락에 떨어졌을 때다. 그녀도 미처 모르고 있는 사이에 옆자리의 그가 물수건으로 정성스럽게 닦아 주었던 사실, 그 순간의 진지함, 비록 그게 남자가 가진 연애의 기술이라 할지라도 뜻밖의 감동적인 촉수였다. 그녀 마음속 등이 하나씩 켜지기 시작했다. 그의 말이 문장이 되어 살아났다. 현란한 미사여구를 쓰거나 주석을 다는 일은 필요치 않았다. 책을 읽는다는 자체가 촉수에 촉수가 더해지는 설렘이었으므로. 책은 이렇게 읽는 것인가 느껴졌다.

  한사코 그어 놓았던 마음의 수위를 그는 뛰어넘고 있었다. 병석에 계시던 그녀의 아버지가 돌아가셨을 적엔 먼 장지까지도 따라와 주었다. 출렁대는 문장을 읽으며 행간으로 흐르는 찡한 여운이 가슴에 닿았다. 그의 팔짱을 껴 보고도 싶었다. 잠시였고 이내 삭제한 생각이다. 무엇인가 그녀의 운명을 조종이라도 하는 듯 이번엔 어머니가 지병으로 쓰러지셨다. 간병인을 두고 출퇴근하기에도 벅찬 나날이 연속되었다.

"집에 도착했어?"

"왜 전화를… 어디서 하는 건데?"

"집 앞 공중전화."(휴대전화가 없던 시절이다.)

"그럼 빨리 들어가."

아마도 그녀 안에 깊숙이 자리한 기막힌 제어 능력이 그녀를 바투 잡고 있었던가 싶다. 책장을 다 넘기지 않아도 결말이 뻔히 보이는 책, 읽을수록 위태로운 내용의 글이라 헤아려졌다. 냉정해져 얼마쯤 멀리하는 것이 내 나름의 바른 처신이라 마음 다졌다. 그것이 책에 대한 배려요 예우이며 스스로를 지키는 약속이라 자처했는지 모른다.

나중에 그가 한 말이 심장에 박혔다.

"그렇게 산다고 누가 알아주나? 그리 살지 마라…."

그녀는 다시 자리를 옮겨 갔고, 그는 아내와 이혼을 하고 소문의 그 아가씨와 재혼했다는 소식이 바람결에 흩날려 왔다. 역시 자신의 판단과 처신이 옳았다는 어떤 안도감과 한편으론 감정에 정직할 수만은 없었던 안타까움도 동시에 불러일으켰던 책. 그녀가 발등의 현실과 싸우며 이따금 눈물을 줍던 시절에 한 장을 읽으면 또 그만큼 밀쳐 둬야 했던 책. 그를 기억하게 해 준 따스하면서 아릿하고 혼란한 그것을 '마음 읽기'라는 독서라 할까.

  누구나 한평생이라는 자신만의 인생길을 걷는다. 그 길을 발견하고 걷는 것 또한 스스로의 선택이며 필생의 수업이다. 종종 이런 말이 스쳐 간다. 독서란 하나의 절실한 마음과 또 다른 하나의 절실한 마음이 만나는 점화와 생성의 시간이라고. 그리하여 새로운 느낌과 생각이 만들어지고 숨어 있던 세상의 한 편이 열리기도 하는 거였다.

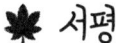 서평

바람의 손으로 빚은 이미지 풍경

박양근(문학평론가)

1. 그녀, 염귀순

　모든 문학은 삶에서 벗어날 수 없다. 시도 언어의 미감을 중시하지만 인생이라는 흐름을 따르기 마련이다. 소설도 작가의 경험을 기억장치에 저장하였다가 허구와 서사로 풀어 낸 장르다. 수필은 개인의 경험을 의미가 담긴 언어로 가공한 자서라는 점에서 무엇보다 인생론을 중시한다. '무엇을 어떻게'라는 수용력이 문학적 내공이 된다. 봄꽃에서 가볍게 날아가는 나비 같든, 폭포수를 뛰는 산천어 같든, 삶을 인상화한다.
　염귀순은 섬세한 감수성과 몰입 같은 집중력을 지닌 작가다. 그녀와 오랜 문학적 교분을 이어 오는 동안 종종 들림의 시선을 발견하곤 하였다. 날카로운 말투를 어쩌다 던지곤 하지만 그녀의 트레이드마크인 치마 선과 빅토리아식 모자에 홀려 지적인 말로만 여겨진다. 순간순간 시대의 풍조를 혼쭐내고 세인들의 가벼움을 탄식하는 한숨을 들을 때면 경륜 있는 작가는 저런가 하며 신뢰감을 늘인다. 수필을 쓰면서도 시를 좋아하고 다리가 아프다 하면서도 운동화를 사양하는 예의를 지켜 내며 글에는 언제나 냉혹하면서 열정적이다.

첫 수필집《펜을 문 소리새》에서 쓴다는 건 "자신의 눈과 마음과 머리와 심장을 한자 한자 담는 것이다." 했다. 이번에는 "쓰면서 내 영혼을 탐색한다."라고 천명한 두 번째 수필집《손이 말하다》를 상재하였다. 무얼 하든 글 쓰는 고통과 철야의 고단함을 내려놓지 않았던 그녀가 염귀순 수필가다.

2. 글 숲에 사는 마녀

《손이 말하다》를 대하면 작가의 손이 무엇이어야 하는지 알게 된다. 실반지 낀 약간 가냘픈 손이 아니라, 말을 한다니, 글 쓰는 손이다. 생존이 아니라 부활의 손으로서 개인의 일생(一生)을 전생(全生)으로 바꾸어 낸다. 뼛속까지 외로운 사물을 따뜻하게 지켜보는 눈의 명령을 받아 그들에게 존재성을 부여하는 손이기도 하다.

 도공이 거친 손으로 흙에 숨을 불어넣듯이 염귀순도 세속적인 입말이 아니라 한 줄 한 줄 문장을 꿰어 사물과 대화를 나누는 혼 놀이를 한다. 사람들이 주절대는 일상에 낙망한 탓일까 여길 정도로 곳곳에 은닉된 의미들을 기막히게 포착한다. 밤새워 새의 깃털을 그려 낸 세밀화처럼 꽃의 개화, 모자의 말, 시월의 풍경, 삶이라는 서책, 눈물겨운 붉은 노을, 리폼된 패션, 낡은 신발 등에 주문을 걸어 그들의 은밀한 사연을 듣고 물상수필이라는 제단에 올린다.

 염귀순은 분명 언어의 마녀다. 그녀라는 마녀는 낡은 수식을 거부하고 "슬픔과 아픔과 누추함"을 지닌 것에 품격 있는 언어라는 의상을 입혀 수필 무대에 올려 스스로 말하고 연기하도록 한다. 그 후에 그녀는 무얼 할까. 아마도 인생의 고통과 기쁨을 한껏 맛본 사람으로서 홀로 외진 삶의 숲을 걸을 것이다. 그럴 때마다 손 하나로 또 다른 영혼의 심층수를 끌어 올린다. 그가 염귀순 작가다.

3. 작가의 손맛은 글맛

 수필집 《손이 말하다》는 사물과 자연을 존재망 위에 끌어올려 작가와 동행하는 모습을 그린 작품으로 짜여 있다. 사람이 아니라 놓치기 쉬운 풍경을, 거창한 물상보다는 가까이 있는 소지품을, 역사적 사건보다는 잔잔한 주변 일상을 책 읽듯 주시한다. 화술은 그녀답게 센티멘털하지만 세상을 새롭게 지켜보는 관점은 더없이 차분하다. 이러한 기법은 분명 그녀의 농익은 연륜에 비례한다. 그녀의 문학성을 이해하면 염귀순의 과작은 작가의 진정한 자세일 것이다.

  간절히 만나고 싶은 글은 어떤 것일까. 한 줄 문장이 천 량 무게를 지닌다면, 한 페이지에서 찔리고 싶은 칼날 같은 문구를 만난다면, 글 한 편으로 세상 만물의 존재성을 알 수 있다면, 코끝을 간질이기만 했던 뭇 글에서 벗어나 마침내 뻥 뚫어 주는 통쾌한 비유를 대한다면, 끝없는 방향감 상실에서 도로 표지판 같은 인생 지침을 찾는다면. 무엇보다 파도 소리를 닮은 청량한 문향을 실어 내는 작가를 글을 통해 면회한다면, 그 한 편은 범상하기만 한 열 편의 글보다 더 맛깔스럽다는 게 염귀순의 문학론이다. 독자의 속마음도 그게 아닌가.

  그래서 염귀순 작가의 손맛은 글맛이다. 그러니 그녀는 더 자주 밤을 새우며 사물이 깊은 맛을 내도록 요리해 주어야 한다. 이렇듯 작가가 사물과 언어와 독자를 한 식탁에 앉히는 작법을 지켜 옴으로써 《손이 말하다》가 생태적 생명을 가지게 되었다. 그가 염귀순 산문가다.

4. 요즈음엔 어떤 사람이세요

 염귀순은 요즘 하루하루를 바쁘게 보낸다. 오래 동거한 육신이 심통을 부려 병원을 오가느라 한가롭지 못하다. 한 주 감기며 역류성 식도염이며 무릎 통증이며 입맛까지 변심했다. 단맛 짠맛도 구별 못 할 때도 있다. 살펴볼수록 편한 곳이 없다. 범절과 예의를 지키며 모나지 않게 살던 20층 여자가 인생의 시련에 턱걸이하면서 점점 성격이 급해진다. 〈노을빛 그녀〉가 사는 방식이 멋있다고 글판에 한두 번 자랑했는데, 겉보기 현상보다는 숭늉 같은 진심을 사랑하며 제 깜냥대로 살았다. 글 쓰고 합창하고 무용하고 낭송하는 전천후 예인의 신분이라 몸 사라지 않고 〈서책〉을 애인인 듯 품으며 20년 가까이 연필심 필력으로 글 춤을 추었다. 그런데 언제부터인가 어딘지 틈이 생긴다. 〈이 나이는 처음 살아 봐〉라고 혼자 중얼거리고, 때로는 〈어떤 사람이세요?〉라고 몸이 마음에, 마음이 몸에 묻는다.
 요즈음 의사가 진단하듯 조그만 변화까지도 놓치지 않는 몸 이야기가 늘어 간다. 내면적 성찰이나 무의식의 탐색 같은 추상의 글은 쓸 만큼 썼다. 그러니 지금까지 한평생의 시종이자 주인인 몸을 글로써 다독여 주어야 한다. 글을 쓰느라 외면했던 따뜻한 피가 흐르는 어깨에서 "뻣뻣해"라는 경고음이 울리므로 "제가 당신께 어떤 사람이길 바라시나요?"라고 물어야 한다. 미장원에 가고 옷도 계절에 맞춰 입고 필요하면 리모델링 작업도 주저해서는 안 된다. 무엇보다 〈노을빛 그녀〉가 안전하게 사는 법을 잊지 말아야 '내일의 나'를 만날 수 있다. 그게 리얼한 글의 세계가 아닌가.

염귀순은 〈낱말을 품고〉 집콕하며 문학에 경배하였다. 덕분에 몸이 블랙홀 같은 글 속에 빠진 환희도 종종 즐겼다. 그런데 이젠 감기가 들면 일주일째 끊이지 않으니 '살아 있다'는 자구책 처방을 찾는다. 〈오후의 독서〉에서 몸을 〈서책〉처럼 골고루 살피다가 "그렇게 산다고 누가 알아주나?"라고 했던 그 남자의 옛말이 떠올라 가슴이 쿵 내려앉기도 한다. 자신만의 인생길을 걷고 쌀쌀맞은 세상을 이겨 내려면 절실한 독서와 글쓰기도 좋지만, 몸 이야기가 더 절절하고 감동적인 이유는 뭘까, 목줄을 타고 내리는 대추차의 뜨거움도 사랑해야 한다는 걸 절감한다. 청춘과 절정의 날이 지난 몸은 찬찬히 읽듯 살펴 주어야 한다. 이젠 그런 글도 놓치지 않는 작가가 되었다.

5. 그녀는 우리를 위해 눈물을 흘린다

사람들은 종종 마음 가는 대로 산다고 말한다. 마음이 몸을 산과 들로 데리고 가고 때로는 야릇한 곳으로도 끌어간다. 그것과 반대로 몸이 마음을 이끄는 경우가 있다. 목이 마르면 물을 찾고, 가슴이 답답하면 바람 쐬고 싶다고 마음에 속살거린다. 저녁노을의 나이쯤 되면 몸이 앞서는 경우가 점점 잦아진다. 작가도 한때는 순정과 열정으로 글 숲을 헤매곤 하였지만 석양이 가까워지면 태양도 느려지는 법, 펜은 둔해지고 감성도 예전만 못해진다. 작가에게 가장 요긴한 것이 손이므로 무엇보다 손이 하는 말을 잘 따를 수밖에 없다.

돌이켜 보면 인생의 태반이 손으로 이루어졌다. 〈손이 말하다〉는 코로나의 비대면 시대에 마주 잡지 못했던 손을 다시 잡는 벅찬 감격을 이야기한다. 처음 잡는 손, 다시 잡는 손만이 아니라, 연필을 처음 쥐었던 손, 연인을 처음 포옹한 손, 거친 홍수에 떠내려가던 어머니의 젖은 몸을 혼신으로 잡았던 아버지의 뜨거운 손 들을 돌이켜 보니 사랑과 용기 그 자체였다. 혼자 제 손을 만져야 하는 쓸쓸한 나이일수록 잡아야 손이 된다는 염귀순의 몸말이 눈물겹다. 그만큼 가슴과 손이 만나 피워 낸 그녀의 글에 울컥해진다.

어찌 손만이 마음을 이끌어 갈까. 몸도, 발도 머리카락도 마음을 붙잡으려 안달이다. 다행스럽게 염귀순에겐 애틋한 반려라고 부를 만한 "매력적인 '천생연분'"이 많다. 먼저 그녀의 세월을 함께하는 치마다. 섬세한 여성의 매력은 치마에 있다고 확신할 만큼 그녀에게 치마 패션은 시류를 초월하는 아이콘이며 동반자다. 동료 문인들은 '그녀의 치마' 덕분에 패션 감각을 익히고 계절의 변화를 일찍 알아차린다. 다만 속절없는 나잇길에 들어선 탓인지 색감 고운 치마를 자주 볼 수 없어 안타깝지만, 치마와 함께 한 생이 익어 가며 〈철없는 옷〉을 리폼하고 모자 패션을 글로 써내는 것이 고맙기만 하다. 여성에게 옷과 머리 모양과 모자와 신발이 하루살이에 불과한 〈발칙한 개화〉일지라도, 작가 염귀순은 함께 동거하는 옷과 모자와 힐에 새겨지는 "쓰라린 서사와 삶의 흉터"를 절대 잊지 않는다.

염귀순이 수필에 올리는 몸 이야기는 육감적이라기보다는 애잔한 생멸의 이미지가 더 강하다. 사람들은 자신의 "발끈한 개화"에 애쓰느라 옷장과 신발장에도 개화를 꿈꾸는 것들이 있음을 잊고 산다. 그러므로 그녀는 귀와 마음을 열고 들으라고 외친다. "저 머리 어찌 좀 해 주세요." "신발에도 눈물 밴 삶이 있어요." "처진 옷들이 주저앉는 소리가 들리지 않나요." "삶은 손으로 가꾸는 거예요."

염귀순은 그 모든 존재와 잊힌 사람들을 대신하여, 또한 위하여, 단절된 시대를 돌아보라고 눈물겹게 외치고 외친다.

6. 바람아, 술바람아

"사람 몸은 바람도 함께 세 든 집이다." 〈바람이 세 든 집〉의 마지막 구절로서 염귀순의 수필에서 자주 발견하는 가슴을 턱 때리는 문장 중에 하나다. 작가로서 염귀순은 어떤 언어로 무슨 호소를 던져야 하는가를 잘 안다. 어쩌면 그녀는 글을 쓰지 않았다면 팽팽한 열정과 유혹의 바람에 넘어졌을지도 모르는 억새 초원에 선 나그네일지도 모른다. 뿌리는 뽑히지 않는데 바람이 불 때마다 사투를 벌이는 척 바람을 껴안는 몸부림. 그 바람(風)으로 알 수 없는 바람(願)과 거리낌 없는 자유와 버릴 수 없는 욕망의 끈을 붙잡고 인생 서사를 써내려 간다. 바람이 치마 끝자락을 스쳐도 가슴앓이하고 글을 써야만 사는 터에 바람의 섬에서 만난 억새를 어찌 "역동적인 부호"로 보지 않을 건가. 그녀에게 죽음이란 "뭇 바람이 사라지는 날"인 것을.

바람을 달고 다니는 염귀순이 어느 날 코로나에 걸렸다. 현미경으로도 보이지 않는 바이러스가 지구의 권력자로 위세를 부리는 절정기에 집이라 불리는 감옥에 연금당했다. 신발장의 신발과 옷장에 걸린 옷과 모자도 근신하는 동안 바람 한 점 없는 아파트 안에서 6주 동안 방콕했다. 강요된 망중한을 즐긴 때가 〈어느 겨울과 봄 사이〉였던가. 기억 칩에 저장된 연금 기간은 처음엔 그럴싸했지만 날이 갈수록 책을 읽어도, 글을 써도, TV를 보아도, 실컷 잠을 자도 시큰둥했다. 칩거의 봉인을 일시 해제하여 거리로 나섰지만 복면인간만 어슬렁거릴 뿐이었다. 홀로 즐기는 망중한은 그만큼 외롭다는 사실만 거듭 알았을 뿐이다.

작가는 다시 거리로 나선다. 아무리 셈하여도 그녀에게 가을을 맞이할 횟수가 넉넉하지 않기 때문이다. 강의 시간을 일부러 늦추면서 가을 풍경 하나하나를 가슴과 뇌리에 얹었더니 〈컷, 시월〉이

써졌다. 긴장했던 몸을 내려놓으면서 모든 것이 "왜 저리도…"라는 찬탄으로 이어지는 걸 비로소 알게 되었다. 만신창이가 된 모과나무든 황홀한 은행나무 가로수든 범접하기 어려운 고귀한 생명체였다. 언제 저렇게 나도 꿋꿋하였고, 언제 상처를 마다하고 열정을 불태웠지 하며 먹먹해진 그녀 곁에서 시월이 지나간다. 아직 "더 많이 울고 더 많이 놀라워"해야 할 텐데. 모든 게 그냥 〈어떤 기억〉이 되어 버릴까 두렵기만 하다.

비슬산에 갔던 날에 살금살금 내렸던 안개비도 작가의 오감을 일깨워 준 고마운 친구다. '안개비가 바깥세상을 지운' 날에 산속에서 몽환적인 분위기에 빠져들었던 그녀는 아직 안개비에 마음이 흔들린다는 게 행복하기만 하다. 몸도 마음도 아직 살아 있구나! 술이 아니라도 '낙엽 한 잎만으로도 흔들려야 문학을 하지'라고 믿는 염귀순은 〈사람 풍경〉 속에서도 언제나 〈바람손님〉이다. 그 경지가 참 부럽다.

인간이란 언제나 〈'쓸쓸'과 '간절' 사이〉에서 고뇌하고 사랑하고 아파한다. 그렇더라도 "작가라면 '바람이 세 든 집' 한 채는 가져야지요" 하며 어깨를 손으로 툭 쳐 주는 작가가 염귀순이다.

7. 수작업으로 쓴 인생 책력

　염귀순만큼 작가적 감성을 오래도록 지닌 사람을 평자는 아직 보지 못했다. 그녀는 외톨이가 되든, 사람 물결에 휩쓸리든 초연하게 자신의 영혼을 지켜 낸다. 무엇보다 글 한 편을 얻기 위해, 책 한 권을 쓰기 위해서라면 십 년쯤 세월은 감내한다는 초심을 잃지 않는 고마운 작가다.
　《손이 말하다》는 바람을 닮은 그녀의 삶과 생각을 수정 같은 언어로 깎아 낸 작품집이다. 가슴에서 발아한 감성을 지성화하고 뇌리에서 정제된 논리를 감성화하면서 장인이 수작업으로 구운 도자기 같은 생의 책력이다. 도대체 그토록 넓은 이미지의 평원을 일구어 낸 그녀의 손은 어떤 신경세포로 이루어져 있을까.
　순결과 열정이라는 뫼비우스의 끈으로 묶은 "우리의 이야기"가 그렇게 마련되었다.